DESCRIPTIONS
DES ARTS
ET MÉTIERS.

DESCRIPTIONS
DES ARTS
ET MÉTIERS,

FAITES OU APPROUVÉES

PAR MESSIEURS

DE L'ACADÉMIE ROYALE
DES SCIENCES.

Avec Figures en Taille-douce.

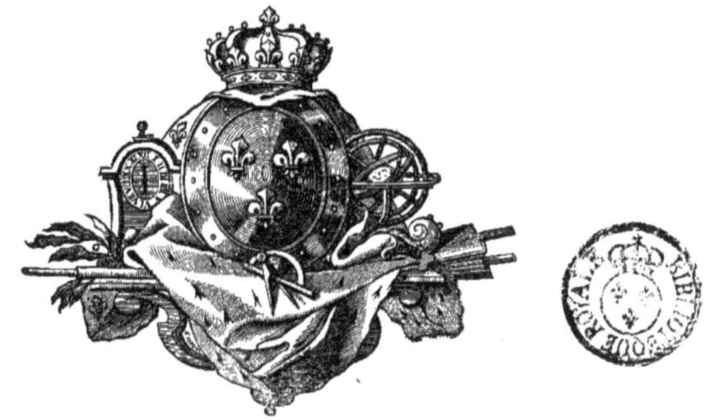

A PARIS,

Chez { SAILLANT & NYON, rue S. Jean de Beauvais;
DESAINT, rue du Foin Saint Jacques.

M. DCC. LXI.

Avec Approbation & Privilége du Roi.

ART
DU CORDONNIER,

Par M. DE GARSAULT.

M. DCC. LXVII.

AVANT-PROPOS.

LES chauſſures deſtinées à garantir le pied du choc ou de la preſſion des corps durs qui peuvent l'offenſer, ne ſont parvenus au point de perfection où elles ſont préſentement, que par degrés & à meſure qu'on a eſſayé pluſieurs matieres & préparations qui ont été trouvées ſucceſſivement meilleures & plus convenables que celles qui avoient précédé : l'attention la plus eſſentielle conſiſtoit à placer ſous la plante du pied un corps ſolide & réſiſtant ; ceux qui réuſſirent le mieux, étoient l'écorce de bois, le cuir & même la corde, on en formoit la ſemelle qu'on ajuſtoit en ſuivant le contour de la plante du pied qui poſoit immédiatement deſſus.

Comme le premier homme, ſes deſcendans & les plus anciens peuples de la terre commencerent par habiter les pays chauds & vivoient dans des contrées ſableuſes & ſeches, ils ſe trouverent contents de garantir, ſur-tout, la plante du pied. Pluſieurs Auteurs dont les écrits ſont parvenus juſqu'à nous, nous ont donné quelques connoiſſances de la chauſſure de ces diverſes Nations, ſur-tout, des Perſes, Egyptiens, Grecs, Romains, Eſpagnols ; ils nous en ont décrit les variétés ſous les différents noms qu'on leur donnoit, & les ont accompagnés de quelques figures ; on en trouvera ici une deſcription ſuccinte dans le premier Chapitre général, & leurs figures gravées dans la premiere Planche.

La plus grande partie de ces formes ne ſubſiſte plus, & on ne les rencontre que dans les Médailles, les Statues & les anciens Tableaux ; quelques-unes ſe réaliſent encore dans nos ſpectacles, lorſqu'on y repréſente des hiſtoires de l'antiquité ; & nous avons vû pluſieurs Ordres Religieux des pays chauds, venir dans le nôtre avec ces chauſſures légeres, où le pied eſt preſque à découvert, être obligés de les abandonner enſuite à cauſe du froid & de l'humidité qui regnent dans nos climats tempérés.

A l'égard des matieres, on doit regarder le cuir & le bois comme fondamentales ; la corde de ſpart eſt encore d'un grand uſage, ſur-tout en Eſpagne chez les Montagnards ou Miquelets, & parmi les Bergers ; ils en font les ſemelles de leurs *ſpargattes* ou *ſpardilles* ; c'eſt ainſi qu'ils nomment cette eſpece de ſoulier dont ils ſe ſervent très-utilement pour avoir le pied ferme ſur les rochers dont leurs montagnes ſont remplies.

Tous les peuples connus qui ſe chauſſent, emploient principalement le bois & le cuir, & à peu-près de la même façon, c'eſt-à-dire, qu'ils s'en enveloppent entiérement le pied; les chauſſures totalement de bois creuſé, qu'on nomme *Sabots*, ſervent aux payſans & au bas peuple à cauſe de leur bon marché; il eſt vrai que le pied y eſt à l'abri du froid & de l'humidité; mais en même temps il ſe trouve dans une eſpece de priſon qui gêne beaucoup ſes mouvements, au lieu que le cuir obéit à toutes ſes inflexions; cet inconvénient a donné l'origine aux galoches, dans leſquelles on profite des avantages réciproques du bois & du cuir; la ſemelle eſt de bois, & clouant autour un morceau de cuir, on lui fait prendre le contour du deſſus du pied.

En ſuppoſant que l'immobilité du ſabot a donné l'idée de la galoche; celle-ci ne réuſſiſſoit encore qu'en partie, attendu que le deſſus étoit ſeul ſuſceptible de ſe prêter aux mouvements du pied, pendant que la ſemelle reſtoit inflexible; on ſongea donc à faire la ſemelle de la même matiere que le deſſus; ce qui fut exécuté, & réuſſit parfaitement, & le ſoulier tel qu'il eſt à préſent, eſt la plus parfaite de toutes les chauſſures, il ſuit exactement le contour du pied, & la flexibilité du cuir ſe prête à tous ſes mouvements: cependant il n'eſt pas ſans inconvénient; car il ne réſiſte pas à l'humidité comme le ſabot, & par conſéquent ne tient pas le pied ſi chaudement.

Charles IX. en 1573, mit les Cordonniers en corps de Communauté, ſous le titre de Maîtres Cordonniers *Sueurs*, & leur donna des ſtatuts qui furent enſuite confirmés par Henri IV, puis en 1614, par Louis XIII, & enfin par Louis XIV, en 1699. Le terme *Sueurs* ſignifie qu'ils ont droit de mettre leurs cuirs au ſuif. Dans leurs ſtatuts ſous Louis XIII, il eſt dit qu'ils pourront faire collets de tous cuirs loyaux & marchands, qui ſeront couſus à deux chefs, & les enrichir de telle étoffe qu'il plaira à ceux qui les leur commandent.

Le nom de *Soulier* paroît venir de ce que cette chauſſure approche davantage le pied du ſol de la terre que les précédentes.

A l'égard de l'étymologie du nom de *Cordonnier*, nous ne hazarderons pas de donner férieufement la nôtre; les étymologies en général, font fouvent fi forcées, & d'ailleurs fi peu intéreffantes, qu'on peut en faire grace au public; ainfi que ce nom foit dérivé, felon Ménage, de ce que les premiers Faifeurs de fouliers fe fervirent de cuirs préparés à Cordoue, (a) ou felon d'autres, de ce qu'ils faifoient des fouliers de cordes, ou qu'ils y attachoient des cordons; tout cela eft auffi incertain qu'indifférent : il n'en eft pas de même, quand des fouliers trop juftes ou mal tournés, font venir des cors douloureux aux différents endroits du pied, qu'ils gênent. Les premiers ouvriers en ce genre en donnoient fans doute fréquemment faute d'expérience, d'où vient qu'il eft très-naturel, qu'on les ait appellés alors *des Cordonniers*, & que le nom fubfifte encore, puifque le mal ne ceffe pas; cette étymologie prife dans la chofe même, paroîtra fans doute préférable à toutes les autres.

Quoique l'Art du Cordonnier embraffe généralement toute efpece de chauffure de cuir, & que chaque Maître foit en droit de l'exercer en entier; cependant il fe rencontre dans le détail, des différences & des incompatibilités, telles que le même homme, fe trouvant fréquemment obligé de changer de méthodes, de matieres, & de procédés, ne pourroit, que très-difficilement, fe perfectionner dans chacune des branches de fon Art: par exemple, les fouliers d'hommes exigent des matieres graffes, réfineufes, des encres, &c. dont on ne peut s'empêcher d'avoir les mains falies: ceux de femmes au contraire, demandent une grande propreté, étant garnis d'étoffes de foie, de velours, de cuir blanc, &c. Les bottes enfin, doivent non feulement être conftruites avec le cuir le plus fort & le plus rude à travailler; mais demandent encore des procédés tout différents des deux premiers, fans compter la chaleur du feu, & les matieres noires, graffes & faliffantes, dont l'ouvrier eft obligé de faire un ufage fréquent : tout ceci confidéré, a déterminé le Corps des Cordonniers, à prendre chacun fuivant fon attrait, la partie du métier qui lui convenoit; delà font émanées trois branches de la même profeffion ; les Cordonniers pour hommes, ceux pour femmes, & les Cordonniers-Bottiers. On ne dira

(a) La Communauté des Cordonniers qui préparoient une efpece de marroquin, qu'on nommoit *Cordouan*, après que le cuir avoit été tanné, eft réunie à celle des Corroyeurs.

rien ici de quelques-uns, qui ne font que les fouliers d'enfants (*a*), puifqu'ils fuivent en petit, la même manœuvre des fouliers d'hommes.

On va commencer par l'explication fommaire des chauffures antiques, enfuite le Cordonnier pour hommes, le Cordonnier pour femmes, & le Cordonnier-Bottier.

(*a*) Les fouliers d'enfants du premier âge, fe font de tripe blanche, autrement velours de laine.

ART

ART
DU CORDONNIER,

CONTENANT LE CORDONNIER POUR HOMME, le Cordonnier pour Femme & le Cordonnier Bottier.

CHAPITRE PREMIER.

Chauſſures Antiques.

Avant d'entrer dans le détail des ſouliers qui s'exécutent maintenant, il a paru aſſez curieux de commencer cet Art par une notion ſuccincte des matieres & des formes que les Anciens employoient dans leurs chauſſures ; on y a joint des deſſeins pris dans les monuments antiques, au moyen deſquels on ſera ſuffiſamment inſtruit.

1, Chauſſures des Indes. Il a été un temps où les anciens Indiens ſe couvroient tout le tour du pied d'un morceau d'écorce d'arbres qu'ils attachoient ſur le cou-de pied, *Calceus de cortice*. PLANCHE Ire.

2 2 2 2, Chauſſure des Grecs, qui paſſa enſuite chez les Romains, d'abord aux femmes, enſuite aux hommes; la ſemelle étoit de cuir ou de bois; elle fut très-variée & ornée; on la nommoit *Solea*.

7, Eſpece de Pantouffle qui n'enveloppoit que le bout du pied; dans cet endroit on faiſoit quelques entailles; c'étoit une chauſſure de chambre, on l'ornoit & même de diamans à chaque découpure : on la nommoit *Sandalium, Crepida*. Les Capucins ont auſſi appellé leurs galoches (en latin *Gallica*), des Sandales, à cauſe qu'ils portoient l'eſpece de *Solea* 2 *, dont la ſemelle étoit de bois qu'on appelloit auſſi *Sandalium*.

Nota. On verra dans l'Art du Tailleur, que cette eſpece de chauſſure de chambre a été renouvellée du tems de François I, avec la différence que tout le deſſus du pied étoit couvert.

3, Patins. Semelles de fer, dont les Belges ou habitants des Pays-bas se servoient pour glisser sur la glace ; l'usage des Patins subsiste encore dans ces contrées, on les nommoit *Calopodia*.

5, Ancienne chaussure des Grecs & des Egyptiens qui passa chez les Romains parmi le peuple & les paysans, & même dans les armées ; elle étoit construite de gros cuirs, se relevoit en pointe par le bout du pied & montoit à mi-jambe. Les femmes Romaines les adopterent & les rendirent magnifiques ; elle se nommoit *Pero*. Cette forme de chaussure pointue & relevée par le bout, subsiste encore dans le Levant, aux Indes, à la Chine, &c. ou en Bottines ou en simples Pantouffles, qu'on nomme *Pabouches* ou *Babouches*.

6, Ancienne chaussure très-mince qui montoit jusqu'à mi-jambe, que mettoient les Comédiens, Farceurs & Bateleurs, pendant leurs exercices : le nom étoit *Soccus*, en François *Brodequin*.

4, Chaussure des Acteurs tragiques, lorsqu'ils représentoient les actions des grands hommes ; les semelles étoient de bois, & s'attachoient sur le coude-pied avec un large ruban ; il s'en faisoit en bois plein, & d'autres en arcades, comme on le voit dans la figure. Ils prenoient la chose à la lettre ; car ceux qui faisoient les rôles de Héros chaussoient le Cothurne, en latin *Cothurnus*, pour paroître sur la scêne plus grands que les autres hommes.

8, Chaussure des soldats Romains qui tient beaucoup du *Solea* N°. 2 ; leurs semelles étoient lardées de clous de fer, & la vanité des Romains les a quelquefois garnies de clous d'argent & même d'or. Cette chaussure se nommoit *Caliga*.

9, Chaussure ancienne des Rois & des Empereurs : on doit présumer que le rézeau qui leur entouroit le pied & le bas de la jambe étoit des étoffes les plus précieuses & souvent parsemées de diamants. Cette chaussure se nommoit *Compaga*.

10, Ancienne chaussure des Pâtres & des Montagnards d'Espagne, qui s'est toujours conservée dans ce Royaume, & y subsiste encore : on la nomme *Calceus Sparteus* & en François *Spargatte* ou *Spardille* ; la semelle en est entiérement de corde faite d'un *gramen* ou chiendent tout-à-fait semblable au jonc. *Voyez à la vignette de cette* 1re. *Planche* A. Cette herbe est originaire de Syrie d'où transportée en Espagne, elle s'y est multipliée considérablement. On la trouve en abondance dans les sables & sur les collines, au Royaume de Grenade, à Carthagene : la plus belle est au Royaume de Valence ; elle vient d'elle-même sans être cultivée ; elle s'éleve de 3 pieds : ses feuilles qui sont alternes le long des tiges à fleurs sont étroites, ont une coudée de long, & sont rondes comme celles du petit jonc, & creuses ; elle fleurit l'été ; ses fleurs semblables à celles du chiendent, forment une tête ou pannicule allongée, comme celle des roseaux; il leur succede des graines longues comme au chiendent; elle est vivace & forme des touffes jusqu'à deux pieds d'épais. On la traite comme le lin, c'est-à-dire, qu'on la fait rouir dans l'eau; on la laisse sécher, on la bat & on en fait de la corde, avec laquelle on construit la semelle des Spardilles, dont on vient de parler.

CHAPITRE SECOND.

Le Cordonnier pour Homme.

AVERTISSEMENT.

Aprés avoir parlé, dans le premier Chapitre, des chaussures anciennes, il s'agit maintenant de décrire l'Art du Cordonnier, c'est-à-dire, celles qui se fabriquent actuellement, & de commencer par celui du Cordonnier d'homme, comme étant le plus compliqué.

On va diviser ce Traité en articles généraux & en articles particuliers: les articles généraux sont nommés ainsi, parce que ce qui y est contenu est commun à toutes les branches de Cordonniers qui vont suivre; & les particuliers regardent principalement le Cordonnier d'hommes.

PREMIER ARTICLE GENERAL.

Des Instruments & Outils.

Instruments & leurs usages.

Un *Tablier* qui descend jusqu'à mi-jambe, monte sur la poitrine, & s'attache sur les reins.

2, Un *Ecoffret;* le Cordonnier nomme ainsi toute planche ou table sur laquelle il taille les piéces nécessaires au soulier, suivant les modeles en papier qui lui servent de patrons. PLANCHE II.

l, Un *Tirepied,* c'est une laniere de cuir de Hongrie, dont les deux bouts sont cousus, l'un à l'autre ou bien se joignent par une boucle. Le Cordonnier passe quand il en a besoin cette laniere ou courroie sous le pied gauche en guise d'étrier, la fait monter au-dessus du genou pour y arrêter & maintenir les formes ou les cuirs sur lesquels il travaille.

5, Une *Manicle,* morceau de cuir de veau pris à la tête, large d'environ deux pouces ½ & assez long pour entourer la paume & le dessus de la main gauche, laissant les doigts libres: on coud ensemble les deux bouts sur sa largeur, & on fait un trou pour paſſer le pouce : cette Manicle ſe met pour garantir la main gauche, lorſqu'on ſerre avec force les points de couture.

4, Une *Buiſſe* creuſe ; c'eſt un morceau quarré long, de bois de chêne, dans lequel on creuſe en cuillere un ou pluſieurs ovales de différentes grandeurs, ſuivant l'uſage qu'on en veut faire ; c'eſt ſur ce creux que le Cordonnier poſe ſa ſemelle pour l'enfoncer dans ſon milieu, ce qu'il fait à coups du manche de ſon marteau, afin qu'elle ſe releve tout autour en forme de gondole.

PLANCHE III. *a*, Soies de Sanglier ; les Cordonniers s'en ſervent au-lieu d'aiguilles ; pour faire leurs coutures lacées.

PLANCHE II. 24, Forme briſée pour élargir les ſouliers trop étroits.

25, La Clef de la forme briſée, vue des deux ſens.

22, Le Chauſſe-pied ; il ſert à amener le quartier du ſoulier ſur le talon quand on le chauſſe ; il eſt de cuir de veau paſſé en poil.

PLANCHE III. 19 & 20, le Compas pour prendre la meſure de la longueur du pied ; on le fait de buis.

PLANCHE II. 27, Forme de bois de hêtre pour homme.

28, *Idem* pour femme.

C'eſt ſur la forme que le ſoulier ſe conſtruit.

6, Un Caillebotin : c'eſt une eſpéce de panier fait en étréciſſant par en haut ; il s'en fait de deux façons : l'une eſt d'arrondir une planche ſur laquelle on cloue la forme d'un vieux chapeau, au haut de laquelle on fait un trou en rond ; l'autre qui eſt repréſenté ici eſt fait avec de la natte de paille : le Caillebotin ſert à mettre dedans les pelotons de fil gros ou autre, de peur qu'ils ne roulent ſur la place quand on en tire des aiguillées.

Un Baquet ovale de 5 pouces de haut ; on y fait tremper les ſemelles afin de les rendre ſouples pour les travailler.

Un Billot de bois ou de grès pour battre le cuir des ſemelles afin de le raffermir & corroyer.

Outils & leurs uſages.

Outils de fer.

9, Une paire de gros Cizeaux, ayant une lame large par le bout ; on la tient toujours en-deſſus lorſqu'on coupe.

10, Un Marteau de Cordonnier.

12, Une Pince à mâchoires dentées, dont on ſe ſert pour tirer, allonger le cuir, &c.

13, Une paire de Tenailles, dont une des jambes ſe termine par un bouton.

15, Un Carrelet de Cordonnier, eſpece d'aiguille en fer de lance, avec laquelle on fait les coutures à ſurjet.

16, Une Alêne à joindre; c'eſt la plus petite: on s'en ſert pour faire les coutures des quartiers.

17, Une Alêne à ſemelle; elle ſert à faire les coutures des ſemelles.

18, Une Alêne à talons; elle ſert aux coutures des talons.

a, Un Tranchet à bucher, c'eſt-à-dire, à tailler les talons de bois pour homme: il doit avoir, étant neuf, vers 17 à 18 pouces de long, afin que le manche appuyant ſous le coude aſſure la main de l'ouvrier; ſon profil fait voir ſa courbure.

b, Un Tranchet à bucher les talons de femme; celui-ci eſt plus étroit.

c, Un Tranchet à dreſſer les bords des ſemelles ſur leurs épaiſſeurs.

d, Une Gouge à creuſer les talons de bois, c'eſt une eſpece de tranchet courbe par le haut; ſon profil fait voir ſa courbure.

f, Une Broche à cheviller les talons de bois: c'eſt-à-dire, à faire les trous dans leſquels on met les chevilles.

g, Une Broche à cheviller les talons de cuir.

m, Un Releve-gravure; c'eſt une eſpéce de couteau très-court, dont la lame eſt arrondie en haut & émouſſée, afin qu'elle ne coupe point.

Une *Gravure* en terme de Cordonnier, eſt un trait ou entaille qu'on forme en enfonçant, de biais, la pointe du tranchet effleurant le cuir, pour diriger les coutures qu'on fera enſuite, ſoit à la ſemelle, aux talons, &c. Or comme le fond de ce trait de biais ſe trouve recouvert par le cuir extérieur, on le découvre en coulant à plomb tout le long de cette gravure la lame du releve-gravure, afin de placer la couture ſur ce fond.

n La Lame à décraſſer: c'eſt une lame de couteau pointue en feuille de ſauge, émouſſée & ne coupant point; on la paſſe entre chaque point des coutures blanches pour en enlever le ſuperflu de la cire qui eſt reſté dans les intervalles.

e, Le Fuſil; c'eſt une petite barre d'acier qu'on paſſe ſur les outils de fer après qu'ils ont été aiguiſés, pour leur donner le fil & les faire couper doux: En Angleterre les Cordonniers ſe ſervent, au lieu de fuſil, d'un morceau de la racine du lierre qui monte aux arbres: *Utile eſt ſutoribus ad cultellos lævigandos cùm ad eorum acuendo aſperiores facti ſunt.* Ray, *Synopſis.*

l, Clouds à monter, c'eſt-à-dire, avec leſquels on attache les empeignes & les quartiers à la forme, & qu'on ôte à meſure que les coutures ſe font.

i, Clouds à brocher, c'eſt-à-dire, à attacher les ſemelles à la forme; ceux-ci ſont à double tête, pour pouvoir plus aiſément les ſaiſir avec la pince, à meſure qu'on les ôte.

k, Clou à talon; c'eſt un aſſez grand clou à triple tête, deſtiné à paſſer à travers, un trou qui eſt percé au milieu de tout talon de bois pour homme, afin que ce clou qu'on cogne enſuite dans la forme, retienne le talon dans la place où il doit reſter.

h, Une Hauſſe de fer, eſpece d'anneau, dont le vuide eſt en proportion du clou à talon; on enfile ce clou dans ſa hauſſe avant de le cogner; elle l'empêche d'entrer trop avant.

Une Rape moyenne.

Une Lime moyenne.

Outils de bois.

p, Un Machinoir : c'eſt un outil de buis; ſon uſage eſt d'unir les coutures de la trépointe & de ranger les *points noirs*; c'eſt ainſi qu'on nomme les coutures qu'on fait avec le fil-gros.

q, Un Pouſſe-cambrure, outil de buis qui ſert à faire plier le cuir des ſemelles au fond de la cambrure.

t, La Biſaigue à bouts, polit les bouts de talon.

ſ, La Biſaigue à côtes, polit les bords des ſemelles.

r, La Biſaigue à eſcarpins, polit de même les bords des ſemelles des eſcarpins.

o, L'Aſtic : on en fait de bois; mais les meilleurs ſont d'os de mulet: c'eſt un poliſſoir pour la ſurface des ſemelles.

u, La Guinche, outil de bois blanc qui ne ſert qu'aux ſouliers de femme; ſon uſage eſt d'unir & de polir le cuir qui couvre les talons.

x, La Planche à redreſſer; elle eſt de bois blanc; elle ſert lorſqu'on redreſſe les ſemelles, à l'oppoſer à la pointe du tranchet, de peur qu'en paſſant il n'entame l'empeigne.

y, Le Coin de bois qu'on met ſous les hauſſes au cou-de-pied.

SECOND ARTICLE GE'NE'RAL

Des matieres employées par les Cordonniers.

CUIRS *& leurs uſages.*

LE Cuir eſt en général la matiere dont on ſe ſert pour faire les ſouliers, bottes, bottines, &c. quand on en emploie d'autres, c'eſt de pure fantaiſie, ou pour des raiſons particulieres; ce ſera donc l'énumération de toutes les eſpeces de Cuir qui ſont à l'uſage des Cordonniers, qui ſera le premier objet de cet Article.

Le cuir de veau; le marroquin noir, rouge, jaune; le cuir de chevre; le cuir noir de veau de Suiſſe; le daim; le caſtor, s'emploient pour les empeignes & quartiers : le marroquin rouge s'emploie auſſi à couvrir les talons de bois, ainsi que le veau noir : le veau retourné imite le marroquin; mais il n'est ni si beau ni si bon : le meilleur veau noir est celui de Paris : quant au marroquin, on le tire de Rouen & de Marseille ; le meilleur vient du Levant.

Le cuir blanc de mouton ou bazanne blanche sert à faire les empeignes & quartiers des souliers de femmes, c'est-à-dire, la doublure des étoffes qu'on applique par-dessus.

La bazane noire sert uniquement aux piéces des souliers d'homme, on la tire de Picardie.

Le chagrin rouge, sert quand on veut, à couvrir les talons de bois; mais il est d'un mauvais usé, parce qu'étant une matiere trop seche, il se coupe le long des coutures blanches, dont les points sont toujours cousus près à près; le meilleur nous vient de Turquie.

Le cuir de vache sert à faire les premieres semelles des souliers & escarpins ; il fait aussi les secondes semelles des souliers de femmes ; celui de Nemours est le meilleur.

Le cuir de bœuf en blanc, c'est-à-dire, passé simplement à l'huile, sert à faire les tiges, les genouilleres, &c. des bottes fortes.

Le cuir fort qui est le cuir de bœuf préparé à la chaux & à l'orge, sert à faire les secondes semelles des souliers d'homme; on le tire de Saint-Germain-en-Laye, de Sedan, de Namur, de Liege; le meilleur vient d'Irlande.

Fils.

Les Cordonniers emploient trois sortes de fils, savoir :

Le fil gros; ce fil doit être fait avec le meilleur chanvre peu retord; la maniere de le filer demande de l'habitude; c'est pourquoi il y a des femmes qui ne s'occupent qu'à filer pour les Cordonniers ; il s'emploie en plusieurs doubles à faire les grosses coutures des souliers qu'on appelle les *coutures noires*.

Le fil de Bretagne brun ou noir s'emploie pour faire les simples coutures à surjet.

Le fil de Cologne blanc, est celui avec lequel se font les coutures blanches; il s'emploie en plusieurs doubles : il se fabrique à Morlaix en Basse-Bretagne.

Cires et Encre.

Le Cordonnier se sert de plusieurs especes de cires.

La cire qui sert à poisser le fil gros se fait ainsi : on prend de la résine qu'on fait fondre pour y ajouter sur une livre gros comme une noix de suif; quand le tout est mêlé & refroidi, on en forme une pelotte solide, on la coule tout le long de l'aiguillée de fil gros pour la poisser.

N^a. Il faut faire refondre cette composition pour y ajouter du suif suivant la saison ; car l'hiver elle seroit trop seche.

La Cire blanche avec laquelle on cire le fil blanc de Cologne pour les coutures blanches, ſe compoſe ainſi : ſur 2 onces de cire blanche il faut ½ once de blanc de céruſe ; coupez la cire par petits morceaux ſur un morceau de cuir blanc, la céruſe ayant été miſe en poudre, ſaupoudrez-la ſur la cire, enfermez le tout dans le morceau de cuir; & frappez ſur ce nouet avec le marteau ; au bout de 3 ou quatre minutes vous aurez une pâte blanche, dont vous ferez une pelotte qui ſervira à cirer le fil blanc.

La Cire jaune, autrement Cire vierge, ſert ſans aucune préparation à plonger de tems en tems les alênes dedans pour les rendre plus gliſſantes quand on perce le cuir.

La Cire de Bottier ſe fait avec arcançon 2 livres, cire jaune une livre, noir de fumée à volonté, faire fondre le tout enſemble. Cette cire ſert aux Bottiers pour pénétrer le cuir des bottes fortes, & les rendre dures comme du bois : on inſtruira au Chapitre du Bottier ci-après comment il procède à cette opération.

Nª. Le Cordonnier ſe ſert auſſi de cette cire, dont en la faiſant il retranche l'arcançon pour certains gros ſouliers dont le bas peuple & les payſans font uſage.

L'encre qui ſert à noircir les talons de cuir, les bouts de talons, les côtés des ſemelles, &c. eſt compoſé d'empois bleu & de noir de fumée, qu'on bat bien enſemble pour mêler le noir de fumée, après quoi on ajoute de l'encre ordinaire.

TROISIEME ARTICLE GE'NE'RAL.

Des Coutures.

Il ſe fait de trois ſortes de coutures, ſuivant que la conſtruction du ſoulier le requiert.

Les coutures noires ou coutures lacées avec fil-gros poiſſé & ſoies de ſanglier ; les coutures blanches lacées comme les premieres, mais dont les points ſont près à près ; elles ſe font avec ſoies de ſanglier & fil de Cologne ciré ; les coutures ſimples qui ſe font à ſurjet avec fil de Bretagne enfilé dans le carrelet.

Nª. Qu'outre ces trois ſortes de coutures on ſe ſert encore d'un point particulier, nommé *le point à l'Angloiſe* ; mais comme il ne s'emploie que dans une ſeule occaſion aux talons des ſouliers de femmes, c'eſt à ce Chapitre qu'on en fera la deſcription.

Préparation des aiguillées pour les coutures lacées.

PLANCHE III. Les coutures noires lacées ſe font avec fil-gros, & ſoies de ſanglier, *a a a*, &c. les ſoies de cochon ne ſont pas ſi bonnes, étant trop molles. Ces coutures ſont font les plus, effentielles attendu qu'elles conftituent la folidité du foulier. Les aiguillées pour les faire, fe préparent comme il fuit.

Prenez au peloton de fil gros autant de longueur de fil qu'il vous en faut felon la couture que vous allez faire : redoublez affez de brins pour former une aiguillée de la groffeur dont vous avez befoin ; mais avant chaque redoublement il s'agit de rompre le fil afin que tous les brins fe trouvent féparés l'un de l'autre; pour cet effet afin de faire un autre brin, commencez par détordre le fil fur votre genou avec la paume de la main, puis tirez & arrachez, il fe fera des effilogeures; continuez toujours ainfi à chaque bout de l'aiguillée, toutes ces effilogeures des bouts fe trouveront naturellement inégales, les unes plus longues, les autres plus courtes, ce qui formera une pointe allongée, & votre aiguillée fera terminée par deux pointes de fil, une à chaque bout : tordez alors toutes ces pointes en travers fur votre genou, pouffant en avant le plat de la main, & tout de fuite poiffez avec la réfine, vous aurez une pointe allongée & fine, compofée d'effilogeures.

Prenez enfuite une foie de fanglier *a*, féparez-la en deux brins *b b* par fon bout mince jufques un peu au-delà du milieu de fa longueur, puis avançant la pointe de votre aiguillée entre les deux fufdites féparations & même un peu au-delà de l'endroit où elles finiffent ; repliez ce furplus *d* fur le haut des deux brins où ils fe réuniffent; tordez le bout de l'aiguillée avec le brin *e* de la foie, & tout de fuite l'autre brin, obfervant d'engager préfentement la pointe *d* de l'aiguillée dans celui-ci, obfervant encore de ne le pas tordre jufqu'au bout, à un travers de doigt près *f*. Cela étant fait, prenez l'alêne à joindre avec laquelle vous percerez un trou au travers de l'aiguillée en *g*, au-deffous & tout auprès du bout de foie *f* refté en l'air ; retirez l'alêne, & prenant l'autre extrémité de la foie qui en eft le gros bout, vous l'abaifferez pour l'amener au trou *g*, que l'alêne vient de faire; vous le ferez paffer au travers, & le tirerez en haut jufqu'à ce que vous l'ayez ramené tout droit comme il étoit auparavant: on recommence, quand on veut, cette derniere opération une feconde fois, faifant un fecond trou avec l'alêne au-deffous du premier, la jonction en eft plus folide: on fait la même chofe à l'autre bout de la même aiguillée ; car chaque bout doit être terminé par une foie.

La figure C de la 3e. planche cottée des lettres qu'on vient d'expliquer, montre quatre temps fucceffifs pour attacher la foie à l'aiguillée.

Le 1^r^. fait voir l'aiguillée *c* entre les deux féparations *b b* de la foie.

Le 2e. eft une des féparations tordue & le bout pointu *d* de l'aiguillée recourbé fur l'autre féparation.

Le 3e. eft la feconde féparation tordue à l'aiguillée, excepté le bout *f* refté en l'air.

Le 4e. fait voir le trou fait en *g* par l'alêne. Le bout de la foie qu'on vient de faire passer au travers, est prèt à être tiré en haut pour serrer l'anneau qu'il a formé en passant.

On vient de voir que les deux bouts de l'aiguillée ont été tordus sur le genou, puis poissés & ensuite attachés aux soies; il s'agit maintenant de donner à tout le reste de l'aiguillée un tors un peu lâche; car il faut éviter de la tordre trop; on en vient à bout par le moyen suivant *fig. D.*

Prenez l'aiguillée vers l'un des bouts; recourbez ce bout; formez-en une boucle *A*, que vous serrerez entre le pouce & l'index de la main gauche, laissant pendre le surplus *B* avec sa soie; prenez l'aiguillée de la main droite, il s'agit de la tourner autour du pouce de la main gauche jusqu'à son autre bout; ce qui ne se fait pas sans regle, sur-tout au commencement; car d'abord, & pour le premier tour, vous conduirez votre fil passant sous le pouce par derriere la boucle *A*, delà par-dessus le bout de l'index, puis sur le pouce, de-là allant toujours passez encore sous le pouce, remontez par derriere la boucle; mais ne prenez plus l'index, revenez sur le pouce, continuez le troisieme tour, & tous les autres de la même façon; mais après celui-ci dégagez l'index de la petite boucle dans laquelle le premier de tous les tours l'avoit enfermé; continuez donc à entourer le pouce & à l'emmaillotter, pour ainsi-dire, jusqu'à ce que vous soyez arrivé vers l'autre bout de l'aiguillée; alors défaites la boucle *A* en la tirant en avant, le bout *B* suivra; continuez de tirer, tous les tours se dérouleront, & afin qu'ils ne viennent pas tous ensemble, on appuye un peu le pouce emmaillotté contre l'index; on recommence cette manœuvre trois fois de suite, après quoi l'aiguillée se trouve torse au degré convenable.

Nª. Plusieurs ont maintenant l'habitude de tordre les aiguillées sur le genou, en poussant le plat de la main en avant, à plusieurs reprises sur l'aiguillée.

Les aiguillées blanches se préparent exactement en tout comme les noires dont on vient de parler, excepté qu'on ne les tord pas sur le pouce comme les précédentes, mais simplement sur le genou.

Les coutures simples ou à surjet ne se préparent autrement, qu'en enfilant dans le carrelet du fil de Bretagne.

Lacer & faire le Nœud, fig. *B.*

Le Cordonnier en général lace la plus grande partie de ses coutures, elles se font lorsqu'il doit attacher ou accoller deux morceaux de cuir bord à bord, & les joindre solidement ensemble, ou bien en perçant tout-à-fait les deux cuirs, ou (comme ils disent) en effleurant le cuir, c'est-à-dire, en entrant dans son épaisseur sans le percer d'outre en outre. Ces coutures s'exécutent de la maniere qu'on va décrire.

Pour commencer, approchez l'un de l'autre les deux cuirs que vous voulez coudre enſemble, percez-les d'un ſeul coup d'alêne 1, 1, retirez l'alêne, paſſez au travers de ſon trou la ſoie d'un des bouts de l'aiguillée que vous tirerez juſqu'à la moitié, & pour vous en aſſurer vous éleverez en l'air les deux moitiés, & vous approcherez les deux ſoies l'une de l'autre ; il y a des cas où nouant tout de ſuite les deux moitiés ainſi égaliſées par un nœud ſimple, on fait deſcendre ce nœud juſqu'aux cuirs. Dans d'autres ce nœud ne ſe fait point, mais ſoit qu'il ſe faſſe ou non, reprenez votre alêne, & à deux ou trois ou quatre, &c. lignes du premier trou, ſelon que vous voulez, vos points plus ou moins longs ; percez un ſecond trou 2, 2, paſſez dedans la ſoie 4, 4, que vous tenez de la main gauche, elle ſortira à droite, paſſez en même-temps celle que vous tenez de la main droite 3, 3, dans ce même trou, elle ſortira à gauche, prenez avec la main droite la ſoie qui ſort à droite, & avec la main gauche celle qui ſort à gauche, tirez-les toutes deux en étendant les bras horizontalement, & faites que la ſoie & le fil que vous tirez à droite paſſent au travers de l'anneau 5, qui ſe forme à droite & qui y fera le point quand il ſera ſerré ; quant à l'autre ſoie & fil que vous tirez avec la main gauche, il n'y a aucune précaution à prendre, ſinon que lorſque le point eſt prêt à ſe ſerrer, vous tirez avec plus de force le fil que la main gauche mene, que celui de la main droite ; voilà pourquoi la manicle ſe met toujours à la main gauche pour la garantir d'être coupée par le fil dans les efforts continuels qu'on fait pour ſerrer chaque point ; continuez comme il vient d'être dit, juſqu'au bout de la couture, que vous terminerez par un nœud qui ſe fait toujours à gauche.

Pour faire ce nœud, quand vous êtes arrivé au point de terminer la couture, faites paſſer la ſoie gauche 6, d'abord par-deſſous l'anneau en 7, enſuite par-deſſus en 8, puis encore par-deſſous en 9 ; tirez, & quand tout eſt ſerré le nœud eſt fait & la couture ſolidement terminée.

QUATRIEME ARTICLE GE'NE'RAL.

Comment on prend la Meſure du pied.

Pour avoir la meſure du pied il faut commencer par en prendre la longueur au moyen du compas de Cordonnier, enſuite pour avoir la hauteur du cou-de-pied, & la largeur du gros du pied, ou plutôt le tour de ces deux parties, on ne ſe ſert que de bandes de papier ou de cuir, auxquelles on fait des marques.

Le Compas de Cordonnier 19 & 20, eſt d'une ſtructure particuliere ; il eſt de buis, & compoſé de quatre regles en couliſſes l'une dans l'autre, formant un quarré long, ces regles ſont diſpoſées de façon, que la ſupérieure

& l'inférieure peuvent allonger le compas en gliſſant ſur les deux autres au moyen d'un petit manche II, qu'on tire à ſoi; de ces regles coulantes, il n'y en a qu'une qui ait des diviſions : ce compas eſt terminé à un bout par une branche III, immobile, d'équerre à la regle coulante qui a été diviſée & numérotée par de petits clous de cuivre, vis-à-vis cette branche immobile en eſt une mobile IV, qu'on peut faire couler d'un bout à l'autre du compas ſur la face numérotée: cette face ou regle eſt marquée de 26 traits ou diviſions de 3 en 3 lignes, lorſqu'on la tire tant qu'elle peut l'être, amenant en même temps à ſoi la branche mobile, le compas a alors toute ſa longueur, qui eſt de 11 pouces & demi entre les deux branches, & il eſt dans l'état où il doit être pour prendre la meſure de quelque pied que ce ſoit: dans cet état en comptant à commencer par le bout où eſt la branche immobile III, juſqu'à la 12e. diviſion *, on arrive à celle que les Cordonniers nomment *la petite pointure*; cette expreſſion ſignifie que la longueur du pied des enfants, juſqu'à 11 ou 12 ans, ne paſſe que très-rarement cette diviſion: quand le pied eſt plus long, il entre dans la grande pointure qui va juſqu'au bout.

Maintenant pour prendre la meſure, commencez par allonger votre compas, puis mettant un genou en terre, paſſez-le ſous le milieu de la plante du pied, appuyez la branche immobile derriere le talon, puis faiſant avancer la branche mobile juſqu'au bout du pied, remarquez la diviſion ſur laquelle elle s'arrête.

Si vous devez faire un ſoulier ordinaire, reculez de 3 diviſions que vous ajoûterez à la meſure; ſi c'eſt un eſcarpin n'en ajoûtez que 2, & une ſeulement ſi on veut un ſoulier très-juſte.

A l'égard de la hauteur du cou-de-pied & de la largeur du gros du pied, prenez-en la meſure avec une bande de papier avec laquelle vous entourerez le pied à ces deux endroits, faiſant avec vos cizeaux de petites entailles pour marquer la meſure de chacune de ces parties; il ne vous reſte plus alors que de commander au formier une forme ſuivant votre meſure.

CINQUIEME ARTICLE GE'NE'RAL.

Les Chauſſures.

Le ſoulier en général eſt compoſé; 1°. de deux quartiers, qui joints enſemble entourent le talon, & ſe terminent par deux oreilles qui ſe nouent ou ſe bouclent ſur le cou-de-pied; 2°. d'une empeigne qui enveloppe tout le deſſus & les côtés du pied; 3°. de deux ſemelles appliquées l'une contre l'autre, ſur leſquelles poſe la plante du pied; 4°. d'un talon de bois ou de cuir, plus ou moins élevé. La conſtruction & l'aſſemblage de toutes ces parties eſt à peu-près la même pour homme, femme & enfant.

Lorſque

Lorſque les ſemelles ſont d'une épaiſſeur convenable, & que tout le reſte du ſoulier eſt ſolidement étoffé, il eſt ce qui s'appelle, un *ſoulier ordinaire*; mais ſi l'étoffe en genéral eſt mince & légere, particuliérement celle des ſemelles, il change de nom & ſe nomme un *eſcarpin* : ſi on fait l'eſcarpin à l'envers & qu'on le retourne enſuite du bon côté, il s'appelle un *eſcarpin retourné.*

On a imaginé depuis quelque temps une eſpece d'eſcarpin encore plus léger qui n'a qu'une ſemelle ; on le chauſſe avant de mettre les bottes fortes, afin que quand on les ôte, le pied ne ſe trouve pas à nud avec des bas ſeulement; on le nomme pour cette raiſon, *eſcarpin de bottes.*

Le ſoulier ordinaire eſt une chauſſure ſolide qui empêche que le pied ſoit affecté des corps durs ſur leſquels on marche. L'eſcarpin rendant le pied moins appeſanti, convient mieux pour courir, danſer, ou faire quelqu'autre exercice vif & prompt.

On a encore imaginé une eſpece de chauſſure pour conſerver les ſouliers dans les ſaiſons humides & froides, & qui en même temps tient le pied plus chaudement : cette chauſſure eſt proprement un double ſoulier imparfait: qui n'a ni quartiers ni oreilles; on met ſon ſoulier dans celui-ci, auquel on a donné le nom de *claques* : il s'en fait pour hommes & pour femmes.

Les mules ou pantoufles qui ſervent de chauſſure dans la maiſon & en deshabillé n'ont que les ſemelles, l'empeigne & le talon ; elles manquent abſolument de quartiers, d'oreilles & de pieces ; ſi on ajoute des quartiers, elles perdent leur nom de *pantoufles*, & doivent être appellées des *ſabots.*

On fait encore d'autres eſpeces de ſouliers : gros ſouliers cirés, avec clous ou ſans clous; galoches à ſemelles de bois; chauſſons pour la paume, pour tirer des armes, &c.

Toutes les eſpeces de ſouliers dont on vient de parler, ſervent à couvrir le pied & donnent la facilité de marcher plus ſûrement; mais quand il s'agit de monter à cheval, ou bien de paſſer dans des bois ou dans l'eau ; il eſt encore néceſſaire d'avoir les jambes & quelquefois les genoux à l'abri des accidents extérieurs; c'eſt pourquoi on a conſtruit des bottes de plus d'une eſpece, bottes fortes, bottes molles, bottines & guêtres de cuir.

Par le terme de *bottes*, on entend une boîte de cuir, contiguë à un ſoulier, qui renferment le pied & la jambe, & au haut de laquelle on joint, ſuivant l'occurrence, un rond de cuir qui garantit le genou; & par celui de *bottines*, une chauſſure de cuir qui n'a point de ſoulier, & n'eſt faite que pour entourer la jambe.

PREMIER ARTICLE PARTICULIER.

Le travail du Cordonnier pour homme.

Le Soulier ordinaire.

APRES s'être mis au fait des inſtructions générales contenues dans les Articles précédents, il s'agit maintenant d'en venir à la pratique ; pour cet effet on va commencer le travail du Cordonnier pour la conſtruction du ſoulier ordinaire d'homme ; d'abord à talon de bois, enſuite à talon de cuir.

Quand vous aurez pris la meſure du pied que vous devez chauſſer, & ayant reçu la forme que vous avez commandée, mettez votre tablier & vous aſſeyez ; PLANCHE II. car à ce métier on ne ſçauroit travailler qu'étant aſſis ; prenez l'écoffret 2, *Pl. II*, ſur vos genoux ; vous vous ſerez muni, comme tout Cordonnier doit l'être, de patrons de papier, taillés en forme d'empeigne & de quartiers ; poſez-les ſur l'écoffret ; prenez enſuite les morceaux de veau noir que vous avez deſtinés à ſervir d'empeignes & de quartiers ; poſez-les à l'envers ſur votre écoffret, c'eſt-à-dire, que *la fleur* (c'eſt ainſi que s'appelle le côté du cuir d'où ſortoit le poil de l'animal & que le Tanneur a noirci) que la fleur, dis-je, ſoit en deſſous & la chair en deſſus ; appliquez vos patrons de papier ſur cet envers, & ſuivez-les en coupant le cuir, PLANCHE III. ſoit de l'empeigne *AA*, ſoit des quartiers *CC*, & des oreilles *BB*, avec la pointe du tranchet, ou bien avec un couteau à main, pareil à celui dont ſe ſervent les Bourreliers & les Selliers ; cet inſtrument eſt marqué *a* dans la Vignette.

On doit couper un peu plus large cette premiere fois, parce que tout de ſuite on tire les cuirs avec la pince pour leur procurer toute leur extenſion, la pince ayant fait ſon office, remettez les patrons de papier, que vous ſuivrez exactement cette ſeconde fois en coupant le cuir ſuperflu de l'empeigne & de tous les retours des quartiers, excepté de leur côté circulaire *CC*, où vous laiſſerez du cuir au-delà du modele pour rafraîchir les oreilles *BB*, lorſqu'il en ſera queſtion par la ſuite.

Cela étant fait, préparez, c'eſt-à-dire, taillez les différents morceaux de cuir qui entrent dans la compoſition du ſoulier, ſçavoir, les paillettes *D D*, les aîlettes *F F*, la trépointe *EE*, & le paſſe-talon *N*, *fig.* 2, ſi le talon doit être de bois ; car aux talons de cuir il n'y a point de paſſe-talon.

Les paillettes ſont deux petits morceaux de cuir de veau coupés en ligne droite, par un côté, arrondis & amincis du reſte par le tranchet ; leur place eſt ſous l'empeigne à la pointe des entailles *a a* de l'empeigne pour les fortifier.

Les aîlettes ſont deux lanieres de cuir de veau coupées en ligne droite par un côté, arrondies en lame de couteau & amincies de l'autre côté avec le tranchet, elles ſont deſtinées à doubler & à fortifier le bas des côtés de l'empeigne.

La trépointe eſt une laniere de cuir de vache d'un demi-pouce de large & aſſez longue pour faire le tour du ſoulier, le long de la premiere ſemelle & finir de chaque côté à l'endroit où le talon commence.

Le paſſe-talon qui ne ſert qu'aux talons de bois, eſt un morceau de veau noir aſſez long pour couvrir tout le talon de bois.

Pour revenir à la conſtruction, lorſque l'empeigne & les quartiers ſont taillés ſur les patrons, comme il a été dit ci-deſſus, rapportez un des quartiers ſur l'empeigne *A A*, poſez-le dans la ſituation où vous le voyez dans l'eſtampe, fendez l'empeigne en ſuivant le biais qui fait le bas de l'oreille juſqu'en *a*, coupez enſuite en ligne droite juſqu'au bout de la fente, vous aurez une entaille d'environ un demi-pouce de profondeur, qui ſe trouvera à un pouce & demi d'un des côtés de l'empeigne; ôtez le quartier, pliez l'empeigne en deux, le triangle coupé s'appliquera ſur l'autre côté, & y ſervira de modele pour en couper un pareil; la portion du cuir de l'empeigne qui ſe trouvera entre les deux triangles, deviendra l'extrémité du deſſus du cou-de-pied *b b*, & ce ſera à ſon bord que ſera couſue la piece G quand le ſoulier ſera achevé; maintenant l'écoffret ne vous ſert plus de rien.

Faites une aiguillée de fil-gros de l'épaiſſeur d'une très-petite ficelle, chauſſez le tire-pied ſous le pied gauche, & la manicle à la main gauche; puis prenez la forme à joindre *Planche II*, N°. 27, au bout de laquelle eſt piquée une pointe de fer 31, qu'on nomme *le petit clou*; poſez cette forme ſur le genou gauche, ſon bout du pied tourné vers vous, fixez-la en cet endroit en la ſerrant avec le tire-pied que vous paſſez par-deſſus; il s'agit à préſent de vous ſervir du haut de cette forme où eſt le petit clou, pour joindre enſemble par l'envers du cuir, les deux quartiers avec une couture noire; pour cet effet, approchez l'un contre l'autre les bords CC, *Pl. III.* de chaque quartier, à droite & à gauche du haut de la forme en-deçà du petit clou; paſſez le tire-pied par-deſſus pour les contenir; prenez l'alêne à joindre, percez les deux bords ſuſdits vers leurs extrémités proche du petit clou, l'alêne ôtée, paſſez dans ſon trou la ſoie gauche de l'aiguillée que vous venez de faire; tirez l'aiguillée juſqu'à la moitié, égaliſez l'autre à celle-ci, comme il a été dit ci-deſſus au titre *Lacer & faire le nœud*; nouez-les enſemble, & faites deſcendre ce nœud ſous la pointe du petit clou en dehors, ce nœud égaliſera les cuirs, continuez de coudre en laçant, cette couture ſe trouvera derriere le talon de l'homme; quelques-uns la ſuppriment en taillant les deux quartiers d'un ſeul morceau; prenez enſuite l'empeigne *L*, *Pl. III. fig.* 4, pour la coudre à l'envers aux quartiers, quand vous ſerez aux deux tiers du retour 3, du bas de l'oreille jusqu'à un demi-pouce près, finissez votre couture lacée, passez ce demi-pouce par-dessous l'empeigne, & vous l'y couserez d'une simple couture à surjet avec le carrelet & du fil de Bretagne ciré, de façon que vos points forment un petit ovale apparent 3, qu'on nomme la *rosette*.

Cela fait, prenez les deux paillettes D D, amincissez-les par les bords, appliquez à l'envers du cuir leur côté qui est en ligne droite contre la pointe de chaque échancrure *a a* de l'empeigne, cousez-les en effleurant le cuir, c'est-à-dire, sans le percer d'une simple couture avec le carrelet & le fil de Bretagne.

Prenez ensuite les aîlettes F F, amincissez-en le bord le plus droit & le bout le plus large, vous appliquerez ce bout F 2, jusqu'au-delà de la couture du quartier, & le reste de l'aîlette le long du bas de l'empeigne, qu'elle en suive tout le contour *o o* jusqu'à un bon pouce près du bout; cousez cette aîlette en effleurant le cuir de l'empeigne, d'une simple couture avec le carrelet & fil de Bretagne, commençant par le bout large appliqué sur le quartier en K, continuez le long du quartier aminci qui est celui d'en haut, quand vous arrivez à la paillette percez-la d'outre en outre, cousez aussi tout le haut de l'aîlette jusqu'au bout pointu; le bord de l'aîlette *o o*, ne doit point être cousu, mais taillé de façon qu'il suive le contour du bas de l'empeigne sans y être attaché.

Retournez le tout; la fleur qui est le côté du poil & où le cuir est noirci, sera en dehors, les paillettes & les aîlettes en dedans; on peut mener jusqu'ici les deux souliers ensemble.

Le tout ainsi retourné, prenez la forme qui a été faite pour le pied que vous devez chausser, & mettez dessus en place ce commencement de soulier, puis tirez avec la pince le bas de l'empeigne tout autour, de pouce en pouce, afin de la bien tendre sur cette forme; arrêtez chaque endroit que vous tirerez avec un clou à monter, pour couper ensuite avec les cizeaux, le cuir qui dépassera le bas de la forme, afin de lui donner un contour égal: retirez ensuite les clous, & ôtez de dessus la forme.

La premiere semelle.

Il s'agit ensuite d'afficher la premiere semelle S, *fig.* 1. c'est-à-dire, de l'arrêter & la tailler sur la forme. Cette premiere semelle est toujours de cuir de vache; on l'aura mis précédemment tremper dans le baquet, & on l'aura ensuite laissé ressuyer au degré convenable pour qu'elle soit souple & maniable quand on veut l'employer; prenez-la donc en cet état, & pour la corroyer, c'est-à-dire, la rendre plus ferme & plus serrée sur elle-même, vous la battrez avec le marteau sur le billot ou sur un grès; ces semelles se vendent taillées grossiérement, & ordinairement plus longues & plus larges qu'il ne faut; appliquez la forme, & l'y faites tenir par quatre clous à semelle, un vers le bout, l'autre au milieu & deux au talon, l'un à droite, l'autre à gauche sur

ſur la même ligne ; enfoncez auſſi une petite cheville de bois *a* tout au bout, alors taillez & uniſſez avec le tranchet à redreſſer le tour de cette ſemelle, en ſuivant le contour du bas de la forme, coupant le cuir qui dépaſſe, depuis le bout juſqu'à la cambrure, c'eſt-à-dire, juſqu'à l'endroit où le talon doit commencer. Les Cordonniers nomment la *cambrure*, l'eſpace qui ſe trouve depuis l'endroit où la ſemelle ceſſe de toucher à terre, juſqu'à celui où le talon commence ; quand vous ſerez donc vis-à-vis de l'extrémité de la cambrure de chaque côté, vous entamerez dans la ſemelle une retraite *b b*, de deux à trois lignes à angle droit, d'où vous continuerez à couper en arrondiſſant d'une retraite à l'autre ; cette derniere coupe ſera l'endroit où ſera poſé le talon ; parez enſuite cette ſemelle en biſeau juſqu'au bois de la forme ; terminez ce biſeau aux deux retraites ci-deſſus ; laiſſez le lieu du talon ſans y toucher.

Poſez les hauſſes à la forme ; on nomme *hauſſes*, *Pl.* 2, 29, pluſieurs morceaux de veau noir, qu'on taille en forme de petites empeignes, de grandeurs inégales, on en couvre le milieu du deſſus de la ſemelle, depuis le cou-de-pied juſques vers le bout ; on n'en place ordinairement que deux, la plus petite, la premiere, & la plus grande par deſſus ; on cloue une pointe à leur milieu, & pour les aſſujettir en place on les bride au moyen de pluſieurs tours d'un fil ſimple dont on les entoure en forme de ligature à volonté ; ces hauſſes ſont faites pour donner ce qu'on appelle *de l'entrée au ſoulier*, c'eſt-à-dire, afin qu'on puiſſe le chauſſer plus facilement.

Remettez pour la ſeconde fois l'empeigne & les quartiers ſur la forme par deſſus les hauſſes, arrêtez les bords du bas de l'empeigne & le bas des quartiers, de diſtance en diſtance, avec des clous à monter, tirant à meſure avec la pince comme la premiere fois, excepté où le talon commence à tourner ; enfoncez le coin *Pl. II*, *y* & 29, entre les hauſſes & la forme ſur le cou-de-pied, ſi vous le jugez néceſſaire pour donner encore plus d'aiſance à l'entrée du ſoulier ; croiſez les oreilles ſur l'empeigne, arrêtez-les avec une pointe ; bridez le bout de l'empeigne, c'eſt-à-dire, prenez un bout d'aiguillée de fil-gros avec ſa ſoie ; faites-y un nœud ; piquez avec l'alêne à joindre le bas de l'empeigne environ à trois pouces en-deçà du bout du ſoulier ; paſſez le fil & le faites couler en allant au bout au-deſſus des clous qui ſervent à la tendre ; piquez près du bout ; paſſez le fil ; tournez-le le long du bout ; piquez de l'autre côté près du bout, &c. & finiſſez ce bâtis vis-à-vis d'où vous l'avez commencé ; faites-y un nœud & coupez le reſte de l'aiguillée.

Prenez la trépointe *E E*, parez-la, c'eſt-à-dire, aminciſſez avec le tranchet le côté que vous deſtinez à couler le long de la ſemelle ; faites une aiguillée de fil-gros & ſoie un peu moins groſſe que de la ficelle à tabac ; commencez une couture lacée par une des retraites que vous avez précédemment faites à la ſemelle ; faites vos points lacés longs de quatre lignes, prenant dans la couture les bords amincis de la ſemelle, ceux de l'empeigne & ceux de la trépointe amincis *m*, *fig.* 2 ; cette couture tournera tout le ſoulier, & doit ſe terminer par un nœud à la retraite de l'autre côté ; ôtez à meſure les clous à monter qui retiennent l'empeigne.

LE TALON DE BOIS.

Si le talon doit être de bois, (les talons d'homme ſe font de bois de Hêtre,) lorſque vous ſerez arrivé à la retraite de l'autre côté, couſez tout de ſuite le paſſe-talon *N*, *fig.* 2, à l'envers du cuir tout autour du bas des quartiers, le prenant par ſon bord d'en bas avec le bas des quartiers ; ce bord deviendra celui du haut du talon de bois quand par la ſuite le paſſe-talon ſera retourné ; c'eſt pourquoi en le couſant, on le couche ſur les quartiers, la fleur en dedans.

Mettez de côté la forme avec tout ce que vous venez de faire, & prenant le talon de bois *H*, 2, qui eſt brut, c'eſt-à-dire, taillé groſſiérement, & toujours plus ample qu'il ne faut, afin qu'on puiſſe en retrancher pour le réduire à la proportion & à la figure qu'il doit avoir pour être bien fait ; ſongez donc à la lui donner, ce qui s'appelle *bucher le talon* ; pour cet effet, prenez le tranchet à bucher avec lequel vous l'ébaucherez en coupant le ſuperflu, l'arrondiſſant par derriere, & le réduiſant à la groſſeur & à la hauteur requiſe ; puis prenant la gouge, vous l'évuiderez & enfoncerez en-deſſus ſur ſon plat ; cet endroit ſe nomme alors *la boîte du talon* I, 2, où il eſt vû de profil, vous le creuſerez auſſi pardevant ſur ſon épaiſſeur & un peu pardeſſous.

Quand tout cela eſt fait & que le talon a pris la forme que vous déſirez, poſez-le en place ; & comme tous les talons pour homme ſe vendent percés par le milieu d'un trou qui les traverſe *I*, ſervez-vous de ce trou fait exprès, pour y faire entrer le clou à talon, que vous aurez précédemment enfilé dans ſa petite hauſſe de fer ; cognez ce clou qui percera la premiere ſemelle & entrera dans la forme.

Comme il n'arrive preſque jamais que le deſſus évuidé, autrement la boîte d'un talon de bois ſoit buchée aſſez juſte pour s'appliquer exactement ſous le talon de la premiere ſemelle, & que d'ailleurs il eſt bon de fortifier le pli de la cambrure, c'eſt-à-dire, l'angle que fait le talon de bois, avec le haut de la cambrure ; prenez un morceau de cuir de vache *Nn*, que vous taillerez un peu en pointe par un bout, amincifſez ce bout le long du bord, faites-le entrer par le pli de la cambrure, entre la boîte du talon & la premiere ſemelle juſqu'à ce que vous rencontriez le clou à talon qui l'arrêtera ; ce cuir ainſi placé ſe nomme le *cambrillon* ; il débordera dans la cambrure; s'il se trouvoit encore que le cambrillon n'eût pas rempli tout le vuide, vous y pousseriez une ou deux petites éclisses de bois qui ne doivent pas déborder; quelques coups de marteau donnés ensuite sur le clou à talon serreront le tout.

Mouillez le tour extérieur du talon avec de l'empois blanc, renversez le passe-talon par-dessus, il couvrira le bois; & le noir, autrement la fleur du cuir se trouvera en dehors; tirez avec la pince le bas du passe-talon, tout autour du bas du talon pour le bien tendre, & arrêtez sous le talon ce qui en dépassera *r*, *fig.* 3, avec des clous à monter; coupez net avec le tranchet à redresser le cuir du passe-talon le long des côtés qui regardent la semelle à une demi-ligne près du talon de bois; passez ensuite le releve-gravure tout autour du haut du passe-talon, à l'endroit où il est cousu aux quartiers, ce qui y fait paroître une petite rainure ou enfoncement.

Il s'agit maintenant d'afficher la seconde semelle; celles-ci sont toujours de cuir fort pour les souliers d'homme; on les vend grossiérement taillées, & toujours coupées quarrément ou à peu-près par l'un des bouts: cette semelle mise en état d'être employée, c'est-à-dire, ayant suffisamment trempé dans le baquet pour avoir acquis de la souplesse; commencez par la battre sur le billot, puis l'ayant posée au-dessus de l'enfoncement de la buisse creuse, poussez-la dans sa cavité à petits coups du manche du marteau, jusqu'à ce qu'elle ait pris à peu-près la forme d'une gondole; ce sera dans cet état que vous l'appliquerez sur la premiere semelle, à laquelle vous la ferez tenir par trois clous à monter, un vers le bout & deux en travers le large du pied, & toujours la petite cheville de bois au bout: cette semelle doit être assez longue, pour qu'après qu'on lui aura fait faire une bosse ou élévation au fond de la cambrure, vis-à-vis du cambrillon, & qu'elle aura été pliée le long du devant du talon, elle en dépasse encore la hauteur de près d'un pouce; elle doit être en même temps assez large pour en excéder les côtés de près de deux lignes. La seconde semelle.

Quand vous aurez fait prendre à cette semelle, le pli dont on vient de parler, maintenez-le en place avec deux pointes, côte-à-côte, que vous ferez entrer vers le milieu du devant du talon: à l'égard de la bosse ou élévation que vous lui avez fait faire au fond de la cambrure, il s'agit de l'applatir; pour cet effet, passez le tire-pied sur cette bosse, & à petits coups de la panne du marteau, renfoncez-la sur elle-même, jusqu'à ce qu'elle soit venue au niveau du reste de la semelle: cette opération se fait pour contraindre cette partie à s'enfoncer de plus en plus dans le pli de la cambrure, formé par le talon; terminez-la en rapant & limant les petites cicatrices que la panne du marteau vient de faire, afin de les effacer.

Fendez par trois coupures égales jusqu'au talon, le surplus *p p*, *fig.* 3, du cuir de cette ſeconde ſemelle que vous avez laiſſé dépaſſer d'environ un pouce le devant du talon, comme il vient d'être dit; ces trois coupures vous donneront quatre portions de cuir; paſſez un bout d'aiguillée de fil-gros au travers de la premiere, puis prenez tout de ſuite, en forme de bâtis, tout le tour du bord ſuperflu du paſſe-talon en dehors des clous à monter, que vous y avez ci-devant poſés, lorſque vous l'avez collé & tendu; vous finirez ce bâtis de l'autre côté, c'eſt à-dire, à la portion de cuir qui eſt à l'extrémité oppoſée: quant aux deux autres portions du milieu, entamez-les d'un petit trait en-deſſus, vis-à-vis le bas du bois du talon, pour pouvoir, après avoir aminci leurs bouts, les plier & coucher ſur le deſſous du talon & y fixer chacun à demeure avec un petit clou d'épingle.

Prenez le pouſſe-cambrure, poſez-le à l'endroit du pli de la cambrure, & frappant deſſus, enfoncez ce pli tant que vous pourrez.

Voici le réſumé de toute cette opération. Vous avez d'abord fait faire une boſſe à la ſemelle au fond de la cambrure, vous l'avez en même temps fait plier le long du devant du talon, & vous l'y avez arrêté avec deux pointes; revenant enſuite à la boſſe, vous l'avez applatie; cet applatiſſement a pouſſé la ſemelle dans l'angle, ou pli du fond de la cambrure; & enfin, le pouſſe-cambrure a achevé de l'enfoncer dans ce pli autant qu'il a été poſſible.

Prenez le tranchet à redreſſer, avec lequel vous taillerez tous les bords de la ſemelle juſqu'au talon; coupez-les en biſeau vers l'empeigne, en ſuivant exactement tout le tour du pied de la forme; enſuite avec la pointe du même tranchet que vous pancherez comme une plume à écrire, vous tracerez en effleurant le cuir & biaiſant dans ſon épaiſſeur une rainure *u u u u*, qui ſe nomme *une gravûre ſous la ſemelle*, d'une demi-ligne de profondeur diſtante du bord de trois lignes, vous la terminerez au talon de chaque côté; prenez tout de ſuite le releve-gravure que vous coulerez, le tenant debout tout le long du fond de cette gravure pour la faire ouvrir, afin d'y placer au fond les points de la couture lacée que vous allez y faire; pour cet effet ayez une aiguillée de fil-gros, de la groſſeur d'une ficelle à tabac, percez près du talon avec l'alêne à ſemelle, d'abord dans la gravure, puis dans la trépointe; couſez à grands points & finiſſez au côté oppoſé.

Revenant au talon, rabattez & reſſerrez ſur eux-mêmes, à petits coups de la panne du marteau, les deux extrémités du cuir de la ſemelle que vous avez précédemment laiſſé excéder un peu le long des côtes du talon de bois, uniſſez-les avec le tranchet à redreſſer, après quoi vous les parerez en les liſſant avec la biſaigue à côte; vous procéderez enſuite à la couture blanche, qui coulera le long de chaque côté du talon; cette couture blanche ſe fait ainſi: faites une aiguillée, compoſée de dix ou douze fils de Cologne, enfilée dans une ſoie à chaque bout, retordez, puis cirez cette

aiguillée

aiguillée avec de la cire blanche; puis cousez en laçant les points près à près; vous commencerez à percer avec l'alêne le bord de la semelle près du pli de la cambrure & le bord de côté du passe-talon; continuez jusqu'au bas de chaque côté.

On garnit le dessous du talon de bois avec deux cuirs l'un sur l'autre, qu'on nomme *bouts de talons*; le premier qui s'applique immédiatement sur le bois est de cuir de vache; celui qui le recouvre est de cuir fort à l'orge; coupez d'abord ces cuirs à vûe d'œil sur le contour du dessous du talon; ôtez le clou à talon & sa hausse; mettez les cuirs en place, percez-les en refrappant le clou à talon vis-à-vis de son trou, & le renfoncez à coups de marteau; alors arrêtez vos cuirs à demeure avec trois pointes, une de chaque côté, la troisieme vers la rondeur du talon; puis avec le tranchet taillez une seconde fois juste sur le contour du talon; raclez avec du verre le tour du dernier cuir en-dessous; passez sur ce tour raclé la bisaigue à bouts, ce qui lui donnera un œil poli qui le distinguera du reste; faites de petites chevilles de bois de huit à neuf lignes de long, & larges d'environ deux lignes par le gros bout; puis prenant la broche à talons de bois, enfoncez-la de deux en deux lignes au milieu du bord que vous venez de lisser, perçant les deux cuirs & entrant dans le bois du talon; mettez vos petites chevilles dans tous ces trous & les y enfoncez à petits coups; rasez avec le tranchet celles qui débordent.

Redressez la semelle que vous avez ci-devant coupée en biseau vers la forme pour faire la couture, *fig.* 3 *uuuu*, c'est-à-dire, coupez avec le tranchet à redresser, ce biseau, pour rendre maintenant l'épaisseur de la semelle quasi d'équerre, en approchant & rasant tout auprès la couture expliquée ci-devant, que vous avez précédemment faite pour joindre cette semelle à l'empeigne; & de peur d'entamer en faisant cette opération, le cuir de l'empeigne avec la pointe du tranchet, opposez-lui, à mesure que vous avancerez, le bout plat de la planche à redresser; encrez tout le tour que vous venez de couper afin qu'il reste noir: l'encre étant seche, lissez avec la bisaigue à côtes; cirez avec cire blanche; frottez avec un morceau de basane, & ensuite avec un chiffon d'étoffe.

Retournez au talon; vous commencerez par passer la lame à décrasser entre les points de la couture blanche précédemment faite, qui borde les côtes du talon, afin d'en faire sortir le superflu de la cire blanche qui auroit pû y rester; tirez ensuite le clou à talon qui ne sert plus de rien.

Il est temps maintenant de déformer, c'est-à-dire, d'ôter le soulier de dessus sa forme; pour cet effet, tirez dehors le coin de dessus le cou-de-pied que vous aviez engagé sous les hausses, puis vous ferez entrer la lame du releve-gravure entre les quartiers & le talon de la forme, poussez-le toujours en bas, jusqu'à ce que les quartiers soient entiérement dégagés; alors en tirant le soulier par le bout vous lui ferez quitter la forme.

Il faut toujours avoir parmi ses ustensiles une vieille forme 30, *Pl. II*, préparée comme il suit; on cloue sur le côté gauche du gros du pied de cette forme vers sa partie inférieure, une plaque de fer, au milieu de laquelle s'éleve une vis qui va en diminuant comme un tire-fond : à deux ou trois pouces de cette vis, vers le milieu du pied, est un clou ou une grosse pointe * qui excede le bois; prenez cette forme ainsi ajustée, que les Cordonniers nomment *le Cabriolet*; vissez ce tire-fond ou vis, dans le trou du talon, à la place où étoit le clou à talon, l'ayant précédemment posée sur votre genou où elle se trouve renversée, la pointe du pied en avant, & après avoir passé le tire-pied dessus & ensuite au-delà du clou vers vous, afin qu'il ne puisse pas glisser contre la vis : dans cette situation préparez-vous à coudre ce qu'on appelle *la boîte*; la boîte est cousue lorsqu'on a rapproché par une couture blanche le haut du passe-talon & le bas des quartiers; cette couture se fait avec fil de Cologne & à points serrés; on la commence en perçant d'abord la seconde semelle au coin du pli de la cambrure, puis le cuir du passe-talon & le bas du quartier, le traversant en dedans afin qu'en serrant les points, le passe-talon se joigne aux quartiers; le second point ne percera plus que le cuir du haut du passe-talon & le bas du quartier; continuez toujours ainsi, vous finirez au pli de la cambrure de l'autre côté, avec un nœud, puis avec la lame à décrasser nettoyez le superflu de la cire.

Rafraîchissez les oreilles & le haut de l'empeigne, c'est-à-dire, égalisez avec les ciseaux les deux oreilles en leur donnant le tour, & les réduisant à la largeur qu'elles doivent avoir; coupez aussi le haut de l'empeigne en allant de l'une à l'autre oreille.

Mouillez la semelle jusqu'au talon avec empois blanc, & tout de suite passez & coulez à plusieurs reprises le côté de l'astic sur toute sa surface, le tenant à deux mains; cette façon ne sert qu'à lustrer le dessous de la semelle : cousez en effleurant le cuir avec le carrelet & fil de Bretagne, une paillette longue en dedans des oreilles, aux endroits où la boucle doit percer; finissez par coudre de la même maniere à surjet, la piece G, *Pl. III*, au haut de l'empeigne; cette piece dont la forme a varié, est à présent un quarré long de basane noire de veau, qu'on double ordinairement de cuir blanc de mouton, en l'y collant avec de l'empois blanc; on la borde ensuite avec un ruban ou un galon noir.

Le Talon de Cuir.

Planche IV.

Si au lieu de talons de bois, on les veut entiérement de cuir, le travail

& la manœuvre en ſont très-différents : voici comment on y procede.

Poſez la premiere ſemelle comme aux précédents ; mais lorſque vous la taillerez, pour qu'elle ſuive le contour de la forme, les retraites ou entailles *b b Pl. III, fig.* 1, que vous y ferez à l'endroit où doit commencer le talon de cuir, doivent être moins profondes, c'eſt-à-dire, plus courtes que pour le talon de bois ci-devant, afin de rendre la ſemelle plus large à l'endroit du talon.

Avant de remettre l'empeigne & les quartiers ſur la forme, fortifiez les bas des quartiers en dedans par une petite piece de cuir mince, la couſant en cet endroit en effleurant le cuir avec le carrelet ; cette petite doublure ſervira à rendre plus ſolide la couture ci-après de la trépointe de derriere.

La trépointe de derriere eſt une piece particuliere aux talons de cuir ; c'eſt une laniere de cuir noir, d'environ un pouce de large, vous la couſerez tout autour du bas des quartiers par dehors, le noir en dehors, l'envers du côté des quartiers & couché deſſus : cette couture ſe lace à grands points avec ſoies & fil-gros ; couſez enſuite la vraie trépointe comme aux précédents, renverſez la trépointe de derriere *a*, *Pl. IV*, *fig.* 1 ; ce ſera alors l'envers du cuir qui paroîtra au dehors ; tendez-la, *a* 2, ſur le talon de la premiere ſemelle par un bâtis *d*, d'un côté à l'autre avec un ſimple fil-gros & le carrelet.

Poſez votre ſeconde ſemelle comme aux précédents, couſez-la de même ; mais comme elle ne ſe vend jamais aſſez longue pour aller juſqu'au bout du talon, on y ſupplée en ajoutant premiérement le couche-point *b* 2, & enſuite pluſieurs morceaux de cuir fort *c c*, nommés *allonges*, pour remplir le défaut de cette ſemelle.

Nª. Qu'il pourroit paroître ſingulier qu'en taillant un cuir de bœuf on épargne l'étoffe ſur la longueur des ſecondes ſemelles ; mais outre qu'en les faiſant plus courtes on en tire une plus grande quantité, il eſt indifférent que ce qui ſera caché ſous le talon, ſoit d'une ſeule piece, ou de pluſieurs.

Le couche-point *b* 2, eſt un morceau de cuir de vache, que l'on taille en forme de bout de talon, mais plus étroit par les côtés ; on l'amincit un peu vers ſon extrémité quarrée, puis on le fend aſſez avant pour pouvoir en écarter les côtés : poſez-le de façon qu'il couvre le renverſement de la trépointe de derriere, & que ſon extrémité quarrée s'engage entre la premiere ſemelle & le bout de la ſeconde *b*, *fig.* 1 ; ajoutez les allonges *c c* ; clouez-les à demeure avec des pointes qui percent le couche-point, la premiere ſemelle, & entrent dans le bois de la forme ; vous couſerez enſuite tout cet aſſemblage en perçant la trépointe de derriere près du quartier, puis le couche-point, les allonges & la ſemelle dans tout le tour du talon juſqu'à la couture de la trépointe de devant de chaque côté.

Faites ensuite un ou deux bouts de talons de cuir fort, battez-les sur le billot, percez-les par le milieu avec le clou à talon, que vous enfoncerez ensuite dans son trou jusqu'à la tête, comme aux talons de bois; mais avant qu'il le soit tout-à-fait, prenez un morceau de cuir fort *e*, que vous aurez arrondi d'un côté & aminci du côté opposé : les Cordonniers nomment ce cuir ainsi préparé *le chiquet*; faites-le entrer par son mince & par derriere entre les allonges & vos bouts de talon; il rendra le talon un peu plus élevé par derriere, comme cela doit être; achevez d'enfoncer le clou.

Faites sur le dernier bout de talon une gravure plus éloignée des bords que celle que vous avez dû faire à la semelle; relevez-la de même avec le releve-gravure, puis faites une couture lacée à points longs, perçant d'abord avec l'alêne à talons au-dessous de la trépointe de derriere, puis le couche-point, les allonges, le chiquet & les bouts de talon, & sortant dans ladite gravure.

Faites neuf ou dix chevilles à talon *f*, de neuf lignes de long, mais bien plus grosses que pour les talons de bois, & taillées en fer de lance; faites avec la broche à talons de cuir, des trous de demi-pouce en demi-pouce, entre le bord du talon & la gravure, comme aussi sur le devant; enfoncez-y les chevilles à coups de marteau.

Nª. Que l'on peut coudre jusqu'à trois bouts de talon; mais s'il en falloit un quatrieme, on seroit obligé après avoir cousu les trois premiers, d'ôter le clou à talon, le percer au milieu du quatrieme, le renfoncer, & ensuite cheviller; ainsi ce dernier ne tiendroit que par les chevilles.

On finit le talon en frappant à petits coups de la panne du marteau sur l'épaisseur de tous les cuirs qui le composent, les faisant serrer sur eux-mêmes, ce qui s'appelle *coucher sur le point*; puis on ne songe plus qu'à polir avec le verre, la lime, la rape, encrer, parer, lisser avec les bisaigues; & le soulier est achevé.

On n'a rien dit ici du pâton, petit cuir dont on double le bout de l'empeigne en dedans pour la soulever au-dessus des doigts du pied, parce qu'il est à présent de peu d'usage pour les souliers ordinaires, attendu que si on est quelques jours sans mettre le soulier le pâton se seche, se racornit, se décolle, & le bout du pied en est offensé; son grand usage est pour les bottes, sur-tout les bottes fortes qui ne sçauroient s'en passer; mais on n'y est point sujet à l'inconvénient dont on vient de parler, parce qu'on y emploie un cuir bien plus fort & épais, qui ne sçauroit fléchir. *Voyez* le Chapitre du Cordonnier-Bottier, où on le trouvera expliqué.

On fait quelquefois des souliers à talons de cuir, qu'on recouvre ensuite de cuir; on les appelle *souliers en Cabriolet*; on leur fait un passe-talon comme pour le talon de bois; on forme un talon de cuir à part; la façon de faire ce talon eſt expliquée au Chapitre du Bottier ci-après ; on le poſe & on le conduit enſuite comme ſi c'étoit un talon de bois.

On fait encore de gros ſouliers cirés pour le peuple ; d'autres garnis de clous, enfoncés dans les ſemelles ; des ſouliers à ſemelles de bois, &c. Tout ceci ſera en partie le ſujet du quatrieme Chapitre.

Remarques ſur les formes de ſouliers.

DANS les formes ordinaires, les renflements & les rétréciſſements du contour de la plante du pied ſont égaux à droit & à gauche, de façon que le deſſous de la ſemelle de bois repréſente une figure réguliere ; cela n'eſt cependant pas dans la nature, où le deſſous du vrai pied eſt inégal dans ſa circonférence, & par conſéquent doit poſer irréguliérement ſur terre : car le bord de la plante en dehors va du petit doigt au talon quaſi en ligne droite, c'eſt-à-dire, un peu convexe ; & le côté de dedans, fait depuis l'orteil un renflement puis un étranglement, qui va joindre le talon. *Voyez Pl. IV, fig.* 5 : on peut appeller ce côté *le fort du pied*, ſur lequel on appuye davantage que ſur l'autre côté ; cela étant, ce fort rejette néceſſairement en dehors la ſemelle réguliere du ſoulier ordinaire ; c'eſt pourquoi on eſt communément dans la néceſſité, pour peu qu'on ſoit marcheur, de changer tous les jours ſes ſouliers de pied, afin de faire revenir en leurs places les ſemelles que le pied avoit pouſſées en dehors la veille, moyennant quoi, on leur rend perpétuellement leur régularité ; ce mouvement journalier doit les corrompre & les uſer plutôt ; & le pied qui, pour ainſi dire, les remet toujours en forme, a un office, qui quand les ſouliers ſont neufs, ne laiſſe pas de le gêner.

Ces conſidérations ont déterminé une perſonne à mouler ſes deux pieds, il a enſuite coulé du plâtre dans les moules, ainſi il en a eu la forme exacte qu'il a fait copier en bois par un Formier-Talonier ; il a donné ces deux formes à ſon Cordonnier, qui les ſuit avec préciſion, d'où il réſulte que quoique cette perſonne ſoit grand chaſſeur, & qu'il marche ſouvent depuis le matin juſqu'au ſoir, il ne change point ſes ſouliers de pied, & le ſoulier neuf ne le gêne ni ne le bleſſe jamais ; il eſt vrai que le deſſous de ſes ſemelles ne ſatisfait pas la vûe par leurs biaiſements ; *Voyez fig.* 6 : mais l'empeigne & les quartiers prennent auſſi bien le moule de ſon pied que tout autre ſoulier, quelque bien fait qu'il puiſſe être.

Au reſte une pratique à peu-près ſemblable eſt en uſage chez les Cordonniers pour les pieds défectueux. On fait enfoncer le pied dans de la glaiſe amolie ; il s'y moule, & ſur ce modele le Formier travaille pour le Cordonnier.

DEUXIEME ARTICLE PARTICULIER.

L'Escarpin retourné & non retourné; l'Escarpin de bottes; la Claque d'homme; la Pantoufle ou Mule, le Sabot.

L'Escarpin retourné.

Il se fait à talons de bois ou de cuir.

Taillez l'empeigne & les quartiers comme à l'ordinaire.

L'escarpin retourné est un soulier très-léger; on le commence à l'envers, & lorsqu'on l'a conduit à un certain point, on le retourne comme un gant, ce qui va être expliqué & détaillé.

Commencez par travailler la seconde semelle sur la forme, attendu que c'est elle qui posera à terre, elle est toujours de cuir de vache: faites tenir cette semelle à quatre pointes comme pour le soulier ordinaire *Pl. III, fig.* 1; faites une raie avec le releve-gravure à deux lignes des bords autour de la semelle, puis à quatre lignes de cette raie une petite gravure avec le tranchet, qui suive le même contour; percez avec l'alêne à semelle en effleurant le cuir de la raie dans la gravure sans coudre; vous espacerez les trous à deux lignes l'un de l'autre.

Montez & affichez sur la forme, l'empeigne & les quartiers, comme à l'ordinaire; mais à l'envers, le noir en dedans: cousez ensuite l'empeigne à la semelle, passant par les trous qui communiquent de la raie à la gravure dont on vient de parler.

Déformez, c'est-à-dire, ôtez le soulier de dessus la forme; cousez à points simples, au bout de la semelle du côté du talon, un morceau de cuir, appellé *la tirette A, fig. A A*, qui aidera à remettre l'escarpin sur la forme quand il aura été retourné.

Retournez l'escarpin en en faisant entrer le bout en dedans, en même temps que vous contre-tirerez l'empeigne & la semelle pardessus avec force.

L'escarpin retourné, remettez-le sur la forme; & pour y rechausser les quartiers, passez entre-eux & le talon de la forme un cuir ou chausse-pied très-court, qui prend alors le nom de *releve-quartiers B*, parce qu'en le tirant en haut il amene les quartiers avec lui; cela fait, vous travaillerez cette seconde semelle en la mouillant & la frottant avec la panne du marteau, la battant ensuite avec le marteau, puis la frottant avec l'astic, ôtez de dessus la forme.

Il s'agit maintenant d'afficher la premiere semelle en dedans de l'escarpin; pour cet effet, ayant, comme il vient d'être dit, ôté l'escarpin de dessus la forme, vous appliquerez cette premiere semelle toute seule sous la forme, & l'y ayant arrêtée à quatre clous comme à l'ordinaire, vous la parerez en la mouillant avec empois blanc; posez ensuite le cambrillon en son lieu; &

comme alors il ne tient à rien, arrêtez-le à deux clous vers son bout large au talon.

Renformez votre escarpin pardessus cette premiere semelle, vous servant, pour vous donner prise, de la tirette *A*, laquelle (comme il est dit ci-dessus) vous avez attachée à la seconde semelle, afin de l'amener sur celle-ci que vous venez d'arrêter à la forme : cousez ensuite à grands points lacés, le talon de cette premiere semelle, au bord du bas des quartiers ; ôtez la tirette & couchez l'endroit où elle tenoit, qui fait partie du talon de la seconde semelle, sur la premiere semelle au talon.

Si le talon de l'escarpin doit être de cuir, posez les alonges & procédez du reste comme aux talons de cuir du soulier ordinaire ; à l'égard des talons de bois, suivez de même la manœuvre des souliers ordinaires sous la premiere semelle.

Quand on veut que les talons des escarpins soient à double couture blanche, il faut qu'ils soient de cuir ; la double couture ne peut s'exécuter aux talons de bois : pour y parvenir, faites deux gravures sous le dernier bout de talon, l'une à deux lignes du bord, l'autre à deux lignes de la premiere ; cousez ensuite, passant l'alêne derriere les grands points de la premiere semelle sortant à la gravure du dedans ; puis pour seconde couture, percez l'alêne au-dessous de la premiere couture susdite, & sortez à la gravure du dehors, autrement la plus proche des bords ; cette seconde couture tient la place des chevilles qu'on auroit mises si le talon n'étoit qu'à *simple* couture ; car elle ne prend que les cuirs du talon.

L'Escarpin non retourné.

L'Escarpin proprement dit, n'est autre chose qu'un soulier très-léger ; il se travaille comme un soulier ordinaire, excepté qu'on n'y met point de trépointe & qu'il est à double couture à la semelle & au talon, si, comme on vient de dire, il est de cuir, & qu'on y désire une seconde couture : on met aussi des talons de bois à cette espece d'escarpin.

Pour faire les deux coutures de la semelle, on trace deux gravures sur la seconde semelle ; la premiere couture percera la gravure d'en dedans & au-dessus de la premiere semelle comme à l'ordinaire ; mais la seconde couture qui ne peut se faire qu'après avoir retiré la forme, s'exécutera comme il suit.

Percez à la gravure la plus proche du bord de la semelle, puis en dedans du soulier, en commençant cette couture vers la cambrure ; alors l'ouverture du soulier vous permettra de voir les trous que l'alêne fait au dedans du soulier & d'y diriger vos soies ; mais à mesure que vous avancez, l'empeigne vous cache votre besogne, & vous ne pouvez plus appercevoir les trous d'alêne ; vous ſeriez par conſéquent obligé d'abandonner votre couture ſans l'expédient ſuivant.

Lorſqu'après avoir tiré la ſoie *I*, *fig. B B*, qui perce de dehors en dedans, vous ne pouvez plus appercevoir le trou de l'alêne pour le point ſuivant, ni par conſéquent y piquer votre ſoie *II*, pour la faire ſortir dehors en *III*; continuez à tirer cette ſoie *I*, aſſez loin pour avoir une longueur de fil ; percez avec l'alêne, un trou au travers de ce fil *I*; paſſez dans le trou la ſoie *II*; pliez-la enſuite & la couchez le long du fil *I*; faites rétrograder la ſoie & fil *I*, juſqu'à ce que cette ſoie *II*, que le fil *I* amene avec lui, ſorte en *III*; auſſi-tôt qu'elle eſt dehors, ſaiſiſſez-la en la dégageant de ſon trou, & ceſſez de tirer le fil *I*; la ſoie *I* reſtera en dedans; allez la reprendre ; tirez les deux ſoies, & votre point ſe fera en *III*; continuez cette manœuvre de point en point autour du ſoulier, juſqu'à ce que vous puiſſiez revoir votre beſogne de l'autre côté.

Pour tout le reſte, vous procéderez comme au ſoulier ordinaire.

L'ESCARPIN DE BOTTES.

CET eſcarpin a été imaginé pour accompagner les bottes fortes, on le chauſſe avant de les mettre ; il ſert non-ſeulement à tenir le pied plus chaudement; mais encore il eſt d'une grande commodité, parce qu'on peut, en ſe débottant, marcher tout de ſuite avec cette chauſſure, au lieu de ſe trouver pieds nuds avec ſes bas ſeulement.

Il ſe travaille comme l'eſcarpin retourné ; il n'a qu'une ſemelle de vache d'un bout à l'autre ſans allonges, ſans talon; d'abord à l'envers & enſuite retourné : on en fait avec des oreilles pour les boucler, d'autres s'attachent avec des cordons; on coud quand on veut, un petit morceau de cuir aux quartiers, pour ſoutenir le frottement de l'entrée dans la botte.

LES CLAQUES POUR HOMME.

ON appelle *Claques* un double ſoulier imparfait, dans lequel on fait entrer le vrai ſoulier ; la claque le conſerve & tient le pied chaudement.

Comme la claque doit être juſte au ſoulier, il vaut mieux la travailler ſur le ſoulier même ; c'eſt pourquoi on commence par le remettre ſur ſa forme.

La claque ſe conſtruit entiérement de cuir; il ne ſçauroit jamais y entrer de bois.

Le ſoulier ayant été renformé, faites tenir la premiere ſemelle de la claque à trois clous au travers de la ſeconde ſemelle du ſoulier : ſi le talon du ſoulier eſt bas, coupez cette ſemelle tout net au fond de ſa cambrure ; s'il eſt haut, relevez-la le long du devant du talon, après quoi vous afficherez

l'empeigne

l'empeigne par-dessus celle du soulier; cette empeigne est toute simple, sans piece ni quartiers; posez & cousez la trépointe, renversez-la & l'arrêtez par dessous cette premiere semelle tout du long par un bâtis de fil simple.

Posez la seconde semelle à l'ordinaire; coupez-la net au fond de la cambrure comme la premiere, si le talon est bas; ou relevez-la, s'il est haut.

Tournez autour du talon du soulier, le passe-talon de la claque *a*, *fig.* 4; ce passe-talon plus ou moins haut, suivant le talon du soulier, doit être d'un cuir de vache assez fort; cousez-le à l'empeigne par-dehors avec une rosette *c*, de chaque côté vers la cambrure: le talon du soulier doit s'emboîter dans ce passe-talon jusqu'au-dessous des quartiers.

Posez sous ce passe-talon deux bouts de talon *b*, taillez-les de façon qu'ils dépassent un peu les semelles, soit coupées, soit relevées; ces bouts de talon se cousent d'abord au passe-talon; la couture perçant dans une gravure que vous aurez faite sous le second bout de talon, puis dans les deux semelles le long de la cambrure, si elles sont relevées, sinon elle se fera de dehors en dedans, au travers des deux semelles.

Si le soulier est à talons de bois, on releve chaque semelle de la claque le long de la cambrure du talon après les avoir amincis, puis on fait la couture susdite.

Quand on veut chausser les claques, on fait entrer dedans, le pied chaussé de son soulier; & comme elles doivent y être bien justes, on frappe le bout de la claque contre quelque corps résistant, jusqu'à ce qu'on sente que le talon du soulier soit entré dans le passe-talon de la claque.

Les Mules ou Sabots, et Pantoufles.

Il se construit des chaussures de chambre de deux especes, l'une qu'on nomme *Mules* ou *Sabots*, l'autre qui s'appelle *Pantoufle*; la différence du sabot à la pantoufle est que le sabot a des quartiers, & que la pantoufle n'en a point. Les hommes ne se servent de ces chaussures qu'en deshabillé, ils les quittent quand ils veulent sortir, & prennent des souliers.

La Mule * ou Sabot est un soulier imparfait, qui n'a ni oreilles ni piece, & dont le bord de l'empeigne se double ordinairement d'un petit galon, ou se reborde sur lui-même.

Le sabot par conséquent, se fabrique du reste, comme le soulier; mais en étoffe plus legere, souvent en maroquin rouge.

On taille les quartiers en pente jusques vers le bas de l'empeigne *a*, *fig.* 3, de chaque côté, où on les y coud par une rosette *b*.

* La Mule du Pape est ordinairement un Sabot, couvert de velours ou de quelque belle étoffe, sur l'empeigne duquel est brodée une Croix d'or.

Ces ſabots ſont faits pour que celui qui les porte en releve les quartiers ſur ſes talons; il aura le pied plus ferme & le talon plus chaudement qu'avec les ſimples pantoufles dont on va parler.

La pantoufle ſert aux mêmes uſages que le ſabot; mais elle eſt encore moins compoſée; car elle n'a ni piece ni quartiers, de maniere que le talon eſt toujours à découvert; elle ſe fait d'ailleurs comme le ſoulier à talon de bois ou de cuir: quand on met un talon de bois, après avoir travaillé le talon comme à l'ordinaire, vous en couvrirez le deſſus que les Cordonniers nomment *la planche*, d'un morceau de cuir de veau, qu'ils appellent *la rondeur b*, *fig.* 2, parce qu'on la taille en ſuivant le rond du talon, qui doit ſe terminer en quarré un peu au-delà des bords de l'empeigne en-dedans *a*. Collez cette rondeur que vous appliquerez ſur la planche, la fleur en dehors: puis vous y couſerez un paſſe-talon, que vous retournerez enſuite ſur le talon de bois comme à l'ordinaire; enſuite pour plus de ſolidité, vous ferez une groſſe couture qui ira le long du pli de la cambrure, perçant les deux ſemelles & la rondeur vers ſon extrémité quarrée, pour la contenir en ſa place.

Quant au talon de cuir, après avoir affiché la premiere ſemelle comme à l'ordinaire, vous ôterez les clous qui tiennent le talon de cette ſemelle à la forme, afin de gliſſer entre-deux la rondeur que vous aurez taillée de façon qu'elle dépaſſe d'un pouce tout autour; vous afficherez enſuite le *faux-quartier*, qui ſe nomme ainſi, parce que dans la ſuite il doit être coupé; affichez la trépointe de derriere; couſez-la au faux-quartier, & prenez la rondeur dans cette couture; coupez enſuite le faux-quartier & la rondeur à l'uni, renverſez la trépointe de derriere, & faites du reſte comme aux talons de cuir des ſouliers ci-devant.

CHAPITRE TROISIEME.

Le Cordonnier pour Femme.

Il ſe trouve pluſieurs différences eſſentielles entre les ſouliers de femmes & ceux d'hommes, 1°. les femmes n'ont ni les empeignes ni les quartiers taillés comme ceux des hommes; 2°. le cou-de-pied eſt plus élevé; 3°. leur ſeconde ſemelle eſt toujours de cuir de vache; 4°. l'empeigne & les quartiers ſe font de cuir blanc de mouton, ſur lequel on colle une étoffe qui en fait le deſſus; 5°. leur talon qui eſt toujours de bois d'aune, & jamais de cuir, eſt fort haut, & d'une forme toute différente de celui des hommes.

Le Soulier de Femme.

Taillez l'empeigne *F* & les quartiers *G*, *Pl. IV*, ſur des patrons de papier comme à l'ordinaire, c'eſt-à-dire, ſur l'écoffret; buchez le talon C, & le réduiſez aux proportions ordinaires *D*. Planche IV.

Prenez le morceau de cuir que vous deſtinez à ſervir de paſſe-talon, enveloppez dedans votre talon de bois à volonté, excepté à ſa cambrure, coupez à vûe d'œil ce qui dépaſſera trop, après quoi ſi vous étendez ce cuir à plat, vous verrez un morceau en triangle, dont le haut ſera arrondi; ce morceau eſt le paſſe-talon ébauché.

Les paſſe-talons des femmes ſont preſque tous de peau blanche de mouton, priſe chez le Mégiſſier & enſuite colorée par le Cordonnier; quelques-uns les préparent eux-mêmes; mais comme cette manœuvre ne laiſſe pas d'être dangereuſe, la plûpart la laiſſent volontiers exécuter à des particuliers qui s'y adonnent & les portent vendre chez les Peauſſiers, où les Cordonniers les achetent: la préparation conſiſte à racler d'abord tout le heru de la peau du côté de la chair, attendu que c'eſt ce côté qui doit recevoir la couleur; on compoſe un cirage avec de la cire la plus blanche, en la faiſant fondre & y ajoutant, quand elle eſt en fuſion, de la céruſe plus ou moins & les autres couleurs qu'on veut, le tout broyé à l'eau; ſi c'eſt du blanc, la céruſe eſt toute ſeule; pour le verd, c'eſt du verd-de-gris; le jaune, de l'orpin, &c. on mêle auſſi pluſieurs couleurs enſemble pour faire diverſes nuances; le noir ſe fait avec la poudre du charbon de bois blanc: le tout ſe mêle à chaud; lorſqu'enſuite il s'agit de peindre les paſſe-talons, on en met ſur la peau la quantité ſuffiſante, puis avec un fer à repaſſer chaud, on fond la compoſition & on l'étend également par-tout; le danger de cette manœuvre eſt la vapeur de la céruſe & des autres poiſons qu'on emploie, comme le verd-de-gris, l'orpin, &c. Quelques femmes veulent des paſſe-talons de maroquin; mais c'eſt un mauvais uſé, ainſi que le chagrin.

Poſez ſur le deſſus du talon de bois qu'on nomme *la planche E*, la partie de la premiere ſemelle que vous voulez former en talon, arrêtez-la avec un clou au milieu de ladite planche, & coupez-la avec le tranchet autour du rond du talon, afin qu'elle en ſuive juſte le tour juſqu'à ſa cambrure; portez ce talon de la ſemelle ainſi affiché ſous la forme en ſon lieu; arrêtez-y toute la ſemelle avec quatre clous comme à l'ordinaire; faites tenir ſur le bout du pied de la forme un petit pâton *H*, l'arrêtant par quelques pointes; pluſieurs ne mettent plus de pâton à cauſe des inconvénients de cette piéce, détaillés à la fin du premier Article particulier.

Poſez enſuite l'empeigne de peau de mouton ſur la forme: vous enduirez le petit pâton (s'il y en a un) d'empois blanc, vous en ôterez les pointes qui le tiennent à la forme en le couvrant du bout de l'empeigne; l'empeigne arrêtée, vous collerez par-dessus deux aîlettes *i*, une de chaque côté, amincies par le haut. L'étoffe, quelle qu'elle soit, dont tout ceci doit faire la doublure, aura été précédemment taillée sur l'empeigne que vous allez enduire de colle, en posant cette étoffe qui s'y collera ; clouez le tout ensuite sur la semelle comme aux souliers ordinaires; collez de même l'étoffe sur chaque quartier *G* & les assemblez ; la couture faite, posez-la bien au milieu du talon de la forme; amenez les quartiers le long de ses côtés *L*, & les clouez à mesure par en bas, arrêtez leur retour *K* en haut vers le cou-de-pied avec une pointe ; bâtissez une bride au bout du pied, comme aux souliers d'homme.

Cousez la trépointe blanche, la rendoublant à mesure d'un tiers, & perçant au travers du rendoublement; cousez à grands points & à fleur de forme, c'est-à-dire, que votre couture prenne moins en-dessous que celle du soulier d'homme.

Reprenez le passe-talon *M*, que vous avez ci-devant taillé grossiérement & plus ample qu'il ne doit être, mouillez-le un peu pour le rendre souple, présentez-le pour la seconde fois autour du talon de bois, & l'appliquez autour. Etant mouillé, il s'y joindra exactement ; aux extrémités qui dépasseront la cambrure, faites-lui deux entailles *n n* & une *o* derriere, vis-à-vis le milieu du dessous du talon, cette derniere moins profonde ; ces fentes se font pour avoir de la prise quand on viendra par la suite à mettre le talon de bois en sa place.

Maintenant prenez le passe-talon tout seul, cousez-le à l'envers du cuir à la semelle & aux quartiers, commençant votre couture au défaut de la trépointe; lacez à points longs, jusqu'au tournant du talon, où vous quitterez la façon ordinaire de coudre, pour vous servir du point à l'Angloise, tant que vous travaillerez sur le rond du talon ; ce point qui a sa manœuvre particuliere, se fait ici afin que lorsque le talon de bois sera en place le passe-talon retourné par-dessus puisse suivre le rond du talon, sans faire aucun pli sur le bois.

Le point à l'Angloise.

N[a]. Que quelques Cordonniers parviennent à obtenir le même effet sans changer le point ordinaire; mais comme plusieurs autres mettent celui-ci en pratique, il est bon de l'expliquer ici.

PLANCHE III.

Etant donc arrivé au tournant du talon, & votre dernier point ordinaire étant fait, percez en avant avec l'alêne, mais à distance un peu moindre, afin que tant que vous coudrez en rond, les points soient un peu plus courts, percez, dis-je, le passe-talon *M m*, *Pl. III*, *fig. A*, par l'envers en *A*, & dirigez l'alêne de maniere que sans sortir du trou qu'elle vient de faire, elle fasse par sa pointe une marque *B*, vis-à-vis dudit trou; l'alêne ôtée, passez la soie

ſoie & fil en entier par ce trou, vis-à-vis de la marque *B* en-dedans ſur la ſemelle, à trois ou quatre lignes de ladite marque, le paſſe-talon entre deux en *c*; percez avec l'alêne en effleurant le cuir de la ſemelle, & qu'elle reſſorte à la marque *B*; paſſez les deux ſoies croiſées dans cette conduite, & le point prêt à ſerrer, repiquez l'alêne dans le premier trou *A* fait au paſſe-talon pour le rouvrir, puis vous y ferez paſſer la ſoie *D*, & vous ſerrerez tout-à-fait, obſervant de repouſſer toujours avec l'alêne, le point vers le rond du talon, pour l'empêcher de finir trop en dedans; continuez cette manœuvre de point en point le long de la rondeur du talon, juſqu'à ce que vous puiſſiez reprendre le point ordinaire pour finir la couture de l'autre côté, vis-à-vis d'où vous l'avez commencée.

Cette couture du paſſe-talon terminée, retournez-le, puis prenant le talon de bois vous le frotterez avec empois blanc partout, excepté à la cambrure, mouillez auſſi ſa planche; la planche d'un talon de bois eſt, comme il eſt dit ci-devant, le deſſus qui doit porter ſous la premiere ſemelle, enfoncez-le à force dans le paſſe-talon *V M*, *Pl. IV*, où le talon *K K* paroît comme enfermé dans le paſſe-talon; lors donc qu'il eſt arrivé en ſa place, vous tirerez avec la pince les côtés du paſſe-talon pour le bien étendre par-tout, vous finirez par en couper tout le cuir qui dépaſſe le talon aux côtés & à ſa pointe.

Le paſſe-talon ainſi collé ſur ſon talon, frottez-le par-tout avec la guinche *u*, *Pl. II*, pour le polir & le luſtrer, on ſe ſert auſſi de la dent de loup *Z Pl. II*; la guinche ne ſert qu'aux talons des femmes, elle efface toutes les rides qui ſe feroient faites ſur le paſſe-talon, & le rend liſſe & brillant comme s'il avoit été vernis, & c'eſt apparemment de cette derniere cérémonie qu'eſt dérivé le *dictum*: *Cette femme eſt bien aguinchée*; terme populaire, qui ſignifie qu'elle eſt proprement miſe, & ſur-tout bien chauſſée.

Vous briderez enſuite le talon avec une laniere de cuir *N Pl. IV*, vous arrêterez cette laniere avec une pointe vers le bas de chaque quartier; cette bride ſous laquelle vous aurez eu la propreté de mettre du papier, ſert à tenir le talon ferme en ſa place pendant que la colle ſeche.

Poſez la ſeconde ſemelle (celle-ci eſt toujours de cuir de vache), l'envers en dehors; vous ſuivrez dans toutes ſes circonſtances le même procédé du ſoulier d'homme, excepté que vous ne redreſſerez ni ne noircirez le bizeau de ſes bords.

Affichez les bouts de talon que vous arrêterez avec des pointes.

Il ne s'agit plus que de faire la couture blanche, qui commence à l'endroit où finit le talon, fait tout le tour du ſoulier, prenant d'abord la trépointe & la ſeconde ſemelle, puis le retour de ladite ſemelle avec le paſſe-talon, le long de la cambrure, & en remontant de l'autre côté les mêmes choſes, & finit où elle a commencé; enfin encrez les bouts de talon & les cuirs des ſemelles à la cambrure ſous les coutures blanches ; on ne noircit point les bords des ſemelles autour du pied, comme il vient d'être dit.

Otez la bride du talon ; déformez ; couſez les oreilles au bout des quartiers *y*, *fig.* *O* ; & terminez par border avec un ruban ou du galon le tour des quartiers, les oreilles & le haut de l'empeigne.

On fait des eſcarpins retournés aux femmes comme aux hommes, & en ſuivant les mêmes principes, des ſabots, des mules, &c.

La Claque de Femme.

Les claques de femmes ſont deſtinées aux mêmes uſages que celles d'hommes ; il faut par conſéquent qu'elles ſoient faites ſur le ſoulier même : c'eſt pourquoi on le remet en forme, & il devient la forme ſur laquelle on conſtruit la claque.

Commencez par couvrir l'empeigne du vrai ſoulier d'une hauſſe, mettez-en une autre un peu plus épaiſſe autour de ſon talon, & une troiſiéme par-deſſous à ſa cambrure ; affichez la premiere ſemelle de la claque, la tenant plus étroite que la ſemelle du ſoulier ; faites-lui ſuivre le contour de la cambrure juſqu'au bout du talon ; aminciſſez-la beaucoup au retour du talon ; arrêtez-la à trois clous, deux à la cambrure, un au bout du talon ; montez l'empeigne *b* à l'ordinaire ; poſez à l'envers le renfort *c* ſur le bout du talon où vous le coudrez à la ſemelle : il doit être de cuir de vache, que vous aurez mouillé pour le rendre plus ſouple ; couſez de même la trépointe & les joues *a* à l'envers.

Prenez un morceau de liége ſuffiſant, pour que quand il ſera taillé, il puiſſe remplir tout le vuide de la cambrure juſqu'au niveau du talon du ſoulier, & du gros du pied ; pour rendre ce liége plus ſouple & plus aiſé à bucher, il faut l'échauffer en le flambant avec un peu de paille ; vous le collerez avec de la poix à la premiere ſemelle, & vous le bucherez en ſuivant le contour évuidé qu'il doit avoir ; renverſez les joues *a*, & la trépointe par-deſſus la premiere ſemelle & le liége ; paſſez un fil ſimple d'un côté à l'autre pour les arrêter en place.

Affichez la ſeconde ſemelle à plat d'un bout à l'autre, commençant au bout du pied, finiſſant au bout du talon, puis vous poſerez un bout de talon que vous coudrez, prenant dans la couture ce bout de talon, la ſeconde ſemelle & le renfort *c* ; déformez, c'eſt-à-dire, ôtez le vrai ſoulier, & finiſſez par coudre la joue *a* ſur le renfort en *e*.

Les claques s'attachent ſur le cou-de-pied ſuivant la volonté, ou avec des boucles, en y ajoutant des oreilles, ou avec des rubans.

Quelques femmes ſe contentent de couvrir ſeulement le bout du pied avec une petite pantoufle, qu'elles nomment *des chauſſons* ; ces chauſſons ſe mettent fort aiſément, garantiſſent l'étoffe de l'empeigne & tiennent le pied chaudement.

CHAPITRE QUATRIEME.

Différentes eſpeces de Chauſſures. La Forme briſée & le Chauſſe-pied.

Ce n'eſt que le peuple, ſur-tout les gens de peine, qui ſe ſervent de gros ſouliers cirés, de ſouliers garnis de clous, ſoit cirés ou non, & de galoches à ſemelles & talons de bois; on va donner la conſtruction de ces trois eſpeces de ſouliers, ainſi que des *chauſſons* ; c'eſt ainſi qu'on nomme une eſpece de ſoulier, dont on verra la deſtination.

Gros Souliers cirés.

Les ſouliers cirés, tant pour homme que pour femme, ſont toujours à talons de cuir.

L'empeigne & les quartiers ſont de vache ou d'une groſſe & épaiſſe peau de veau, paſſée ſimplement en huile ſans être noircie ; quand ils ſont taillés, on commence par cirer le côté de la chair qui ſera en dehors, c'eſt-à-dire, à le noircir avec un cirage, compoſé de *ſuif de mouton, peu de cire, & un peu plus de noir de fumée;* faites chauffer le tout & l'étendez ſur le cuir avec le *gipon* que vous aurez trempé dans le cirage chaud. Le *Gipon* n'eſt autre chose qu'une portion des bords d'un vieux chapeau, qu'on coupe en ligne droite paſſant tout contre la forme, on le roule ſur ſa largeur & on le lie par le milieu, on le trempe du côté plat dans le cirage chaud & on le paſſe ſur le cuir pour étendre le noir qu'il apporte avec lui. Le Gipon.

Affichez, couſez, &c. comme à un ſoulier ordinaire à talons de cuir; ainſi la ſeule différence eſt que l'on conſtruit ceux-ci de cuir épais & groſſier, & que c'eſt l'envers qu'on noircit pour faire toute la garniture du deſſus.

Souliers garnis de clous.

Les ſouliers qu'on garnit de clous aux ſemelles ſont pour la plûpart, de gros ſouliers cirés; cette opération ſe fait ainſi, on enfonce à coups de marteau pluſieurs rangs de clous par dehors au travers des ſemelles & autour du deſſous du talon de cuir ; ces clous ont la tête plate & large, & la pointe aſſez courte; mais comme il ne ſe peut gueres que pluſieurs ne traverſent les ſemelles d'outre en outre; il s'agit de river leurs pointes en dedans, de peur qu'elles n'offenſent le pied; pour y parvenir, on taille des platines de fer, de façon qu'en les enfonçant en dedans du ſoulier, elles ſe trouvent au-deſſus des pointes dépaſſantes; on remet enſuite la forme & on frappe les clous dont les pointes ne pouvant percer la platine appuyée par la forme, ſont contraintes de s'applatir & de ſe river.

GALOCHES.

LES galoches ſont des chauſſures qui tiennent du ſabot & du ſoulier: le peuple dans quelques provinces, s'en ſert communément; les ouvriers qui s'adonnent à cette eſpece de chauſſure, ſont des eſpeces de Sabotiers, qu'on nomme *Galochiers*; ils buchent dans un même morceau de bois la ſemelle & le talon; ils laiſſent au pourtour un rebord, dans lequel ils font une rainure ou couliſſe, dans laquelle ils font entrer le bas de l'empeigne & des quartiers; ils mettent par-deſſus une laniere de cuir, & ils attachent le tout avec des pointes.

CHAUSSONS.

CE que les Maîtres d'Armes & les Maîtres Paumiers nomment *des Chauſſons*, ſont des ſouliers faits entiérement, ſemelle & tout, d'étoffes moëlleuſes, qui ſe prêtent à tous les mouvements du pied ſans aucune réſiſtance, comme buffle, veau, chamois, &c. on n'y met point de talons; & pour les empêcher de gliſſer dans ces exercices violents, on fait au milieu de la ſemelle une groſſe couture apparente, tournée en fer à cheval, & une autre toute droite au milieu de celle-là: on a parlé de ces chauſſons dans l'Art du Paumier, & on y a joint dans une des planches la diſpoſition des coutures dont on vient de parler.

La Forme briſée & le Chauſſe-pied.

LES formes briſées imitent les formes entieres, on en fait pour hommes & pour femmes; elles ſont toutes de bois de hêtre, & compoſées de trois pieces, ſçavoir, deux côtés ſéparés & une clef; ces deux côtés rapprochés l'un de l'autre & accollés, repréſentent une forme ordinaire qu'on auroit ſciée en deux par le milieu de ſa longueur, *Voyez Pl. II, fig.* 24 *&* 25; dans le milieu du côté plat de chaque moitié, on a creuſé une couliſſe *a a* d'un bout à l'autre; la clef 25, 25, eſt plus longue de trois pouces ou environ, que les deux demi-formes, & taillée en fer de lance, ayant quatre arrêtes, dont deux *b* évaſées & deux aiguës *c*.

Les formes briſées ont été imaginées pour élargir un ſoulier trop étroit: pour cet effet, on en joint & accolle les deux moitiés, on les pouſſe dans cette

cette ſituation juſqu'au fond du ſoulier, alors les deux couliſſes *a a* ſe rencontrant l'une vis-à-vis de l'autre, forment une conduite pour la clef, qu'on y fait entrer à coups de maillet, ou par ſa plus grande largeur *b*, ſi on veut donner de l'entrée, c'eſt-à-dire, élargir le cou-de-pied, ou bien ſi c'étoit le bout du pied, on la préſentera par ſon côté étroit *c*. C'eſt ce qu'on appelle *mettre le ſoulier en forme*; quand on juge que la clef eſt ſuffiſamment enfoncée pour faire ſon effet, on la laiſſe dans le ſoulier plus ou moins de temps, & juſqu'à ce que l'on juge que le cuir de l'empeigne a pris l'extenſion néceſſaire.

Le chauſſe-pied n'eſt en uſage que pour les hommes; les femmes ne s'en ſervent point.

Parmi les hommes il s'en trouve quelques-uns qui ne ſe trouvent bien chauſſés que lorſque leurs ſouliers ſont ſi juſtes au pied, qu'ils n'y puiſſent entrer qu'à force; de façon qu'il ne ſoit pas poſſible au Cordonnier, avec les deux mains ſeules, de chauſſer les deux quartiers ſur le talon; c'eſt alors qu'il faut avoir recours au chauſſe-pied.

Le chauſſe-pied *Pl. II, fig.* 22, eſt une laniere de cuir de veau, paſſé en poil, d'un pied au plus de long; elle eſt taillée en élargiſſant, depuis un pouce juſqu'à deux pouces & demi, où elle eſt coupée quarrément.

Pour ſe ſervir du chauſſe-pied, on le met en place avant de chauſſer le ſoulier, c'eſt-à-dire, que l'on couche ſon bout large à plat, le poil en dehors ſur la planche du talon, depuis l'endroit où commence l'empeigne juſqu'aux quartiers; on ploie les quartiers par-deſſus & on le couche enſuite ſur les quartiers en dehors; alors on chauſſe le ſoulier quand le Cordonnier l'a fait entrer autant qu'il a pu, en frappant avec le côté de ſa main ſur le fond de la cambrure, il ne s'agit plus que de relever les quartiers ſur le talon; c'eſt alors que le propriétaire de cette priſon ambulante, que le peuple appelle *la priſon de Saint Crépin*, étant dans une ſituation plus ferme, que ſon Cordonnier ſaiſit des deux mains la partie du chauſſe-pied reſtée en dehors, & la tire avec force juſqu'à ce que ce geolier ſe déployant, oblige les quartiers à le ſuivre & les amene en leur place.

CHAPITRE CINQUIEME.

Le Cordonnier-Bottier.

Le Cordonnier-Bottier ſe charge non-ſeulement de garantir les pieds des accidents du dehors, mais encore les jambes & les genoux; ſon métier eſt pénible & fort; car il travaille ſur le cuir le plus épais, & quoique les outils dont il ſe ſert ſoient les mêmes que ceux des autres Cordonniers, ils ſont ici augmentés en proportion ; les alênes ſont plus groſſes ; les aiguillées plus épaiſſes, &c. On ne recommencera donc point la liſte qui eſt au commencement de cet Ouvrage, ni le détail contenu dans les quatre premiers Articles généraux.

On peut diviſer les bottes en deux eſpeces générales, *bottes fortes* & *bottes molles.* Toute botte eſt compoſée d'un ſoulier, ou plutôt d'une pantoufle, à laquelle on ajoute une tige deſtinée à renfermer la jambe, & ſouvent d'une genouillere ou d'un bonnet, dans leſquels le genou eſt caché ; les bottes fortes ont toujours l'une ou l'autre : on ſupprime quelquefois la genouillere aux bottes molles, comme on verra à l'endroit de leur deſcription ; la tige de la botte forte eſt dure, ſolide, & ne plie jamais ; celle de la botte molle eſt ſouple & pliante.

De toutes les bottes & bottines, celles qui exigent plus de façons & demandent un plus grand travail, ce ſont la botte forte & la bottine à tringle.

La Botte forte.

La meſure ſe prend pour la longueur du pied avec le compas de Cordonnier, comme pour tout autre ſoulier ; *Voyez le quatriéme Article général.* A l'égard des autres dimenſions du pied & de la jambe, on ſe ſert de bandes de papier ou de parchemin, avec leſquelles on prend le gros du pied, le cou-de-pied, du bout du talon ſur le cou-de-pied ; pour la jambe, le contour du mollet, la longueur de la jambe au-deſſous du genou & la hauteur pour placer les tirants de la botte.

Etant muni de votre meſure, prenez un morceau de cuir de bœuf tanné, ſans autre apprêt, ce qu'on nomme *en blanc*, que vous aurez taillé dans l'épais du cuir d'une ſeule piece ſur un patron de carton, ſur lequel eſt évuidée l'échancrure, à laquelle ſera couſue par la ſuite, l'avant-pied *a*, *Pl. V. fig.* 1. C'eſt ainſi que le Bottier nomme ce que les autres Cordonniers appellent *l'empeigne* : ce ſera de ce morceau que la tige ſera conſtruite, le grain en dedans, la chair en dehors ; vous formerez cette tige *b* en joignant les deux côtés par une couture lacée noire, qui ſera le milieu du devant *c* ; vous ferez enſuite à l'oppoſé de celle-ci, une couture pareille ; mais en effleurant le cuir, laquelle marquera le milieu *d* du derriere de la tige ; celle-ci ſe nomme *la couture de parade* ; couſez auſſi en dedans & au bas en effleurant le cuir, un petit contre-fort de cuir de bœuf, pris dans le mince de la peau ; la ligne pointue *e*, marque l'eſpace qu'il doit occuper depuis le talon de chaque côté.

On appelle *Contre-fort* en général, un ſecond cuir appliqué & couſu au premier, ſoit par dehors ou en dedans de la botte ; celui-ci doit prendre le tour du talon de la tige, finir à l'avant-pied de chaque côté, & monter plus ou moins au-dessus de la hauteur du porte-éperon *h*, c'est-à-dire, de six à huit pouces.

Cela fait, prenez l'avant-pied, que vous aurez suiffé à chaud avec du suif fondu; vous en coudrez le haut à l'échancrure de la tige, la chair suiffée en dehors.

La forme des souliers de bottes fortes differe de celle du soulier ordinaire, premiérement, en ce que le cou-de-pied est plus bas & arrondi par-dessus, afin que l'ouvrier ait plus d'aisance pour la tirer dehors quand son soulier sera achevé; mais on supplée à cet applattissement par des hausses de cuir de gros veau, jusqu'à cinq ou six plus ou moins; ces hausses sont graduées, les plus longues dessous: secondement, le bout du pied de la forme est assez épais; on le taille actuellement en quarré, mais les quarres arrondies; autrefois il étoit tout-à-fait quarré.

Faites entrer la forme, garnie de ses hausses, par-dessous l'avant-pied, son talon contre le talon de la tige auquel vous l'arrêterez au moyen d'un ou deux clous qui perceront de dehors en dedans; ces clous serviront à maintenir la forme en place & d'équerre avec la tige; alors pointez les côtés de l'avant-pied au bas de la forme jusque vers le milieu de l'espace; retournez le bout de l'avant-pied pour poser le pâton.

Le pâton est un morceau de cuir de veau aux souliers ordinaires; mais ici c'est du cuir de vache, qu'on a bien trempé pour le rendre très-souple; on l'amincit aux extrémités, & en l'étendant sur le bout du pied de la forme, on lui en fait prendre le contour: lorsqu'il est posé & arrêté, on l'enduit extérieurement de pâte : c'est ainsi que les Cordonniers nomment une *colle*, pareille à celle des Vitriers, faite de farine & d'eau, mais bien plus épaisse.

Rabattez l'avant-pied par-dessus le pâton, & continuez à le pointer tout autour; taillez le porte-éperon *h*, qui est composé de deux bandes de cuir de bœuf, d'environ un pouce de large, sur quatre à cinq pouces de long, vous l'amincirez par un bout.

Continuez à travailler le soulier comme un soulier ordinaire, & quand vous serez à la trépointe de derriere, vous engagerez le bout aminci du porte-éperon entre elle & la semelle, & vous le couserez en montant le long du talon de la botte jusqu'à un pouce près de l'autre bout, afin que ce bout puisse se renverser en dehors pour soutenir la molette de l'éperon qui s'appuiera dessus.

Les talons des bottes fortes sont toujours de cuir, & hauts; on peut cependant les faire de bois; mais il est très-rare qu'on s'en avise. Ces talons de cuir se construisent à part avec des bouts de toutes sortes de cuir, de bazane, &c. que l'on colle l'un ſur l'autre avec de la pâte, & qu'on taille enſuite, quand on veut s'en ſervir, avec le tranchet, leur donnant la forme d'un talon.

On prend donc ce talon tout prêt, on le fait tenir ſous le talon de la forme avec le clou à talon, ou on le travaille du reſte comme le talon de cuir ordinaire; on y ajoute les deux bouts de talon, que l'on fait tenir avec de groſſes chevilles de bois.

Quand le ſoulier eſt achevé, il s'agit d'ôter la forme qui ne peut plus ſortir qu'en paſſant par-dedans la tige; pour en venir à bout, on va d'abord chercher avec la main, le coin, s'il y en a un; enſuite on ſaiſit les hauſſes avec la pince; la bride de fil qui les entoure ſe caſſe aiſément, & on les amene les unes après les autres; alors la forme ayant du jeu, on a un crochet enfilé dans une corde redoublée, on conduit ce crochet avec la main, pour le paſſer dans le trou qui eſt au côté de toutes les formes; on renverſe à moitié, la botte qu'on tient en l'air, on met ſon pied dans la corde, & en tirant la botte en haut, le crochet amene la forme dehors.

La botte étant dans l'état qu'on vient de dire, on ſonge à y faire entrer l'embouchoir; mais précédemment, pour caſſer & applatir en dedans les bouts des chevilles qui pourroient dépaſſer au talon, on ſe ſert d'un inſtrument de fer, qu'on appelle *un boulon* *, dont on frappe ſur le talon en dedans par ſon bout évaſé, juſqu'à ce qu'on ſente que tout eſt à l'uni.

L'embouchoir *A A, fig.* 2, eſt une eſpece de *forme briſée*, de deux pieds & demi de long, deſtinée à roidir contre la tige, afin de lui donner la rondeur qu'elle doit avoir; le devant eſt rond en dehors, & un peu cambré en avant par le bas; le derriere eſt rond de même, mais tout droit. La clef *B B*, qui eſt la piece du milieu, eſt plate avec deux languettes, une de chaque côté, qui coulent dans deux rênures creuſées le long des côtés intérieurs des deux pieces qu'on vient de décrire, qui ſont plates en dedans. Pour placer l'embouchoir, on commence par faire entrer le devant & le derriere juſqu'au talon; puis ayant poſé la clef entre deux, on acheve de la faire entrer à grands coups de marteau; c'eſt pourquoi elle eſt ferrée au bout, ſur lequel on frappe; l'embouchoir doit être aſſez long pour dépaſſer la tige d'un bon pied ou plus, on en verra la raiſon ci-après: C, eſt un anneau formé d'une laniere de cuir, qu'on gliſſe le long de l'embouchoir pour le tenir enſemble lorſqu'on ne s'en ſert pas.

Ayant une paire de bottes ſur la même meſure & dans le même état, c'eſt-à-dire, chacune avec ſon embouchoir, & les tiges ci-devant mouillées, étant ſeches, on prend une groſſe rape à bois que l'on paſſe ſur toute la tige pour ôter le bourru du cuir qui ſe leve du côté de la chair; après quoi on procede au cirage.

Le lieu

Le lieu du cirage doit être une chambre à cheminée, pavée ou carrelée; vers le haut de la cheminée en dehors, sera attachée une chaîne de fer qui pendra jusqu'à dix pouces de terre ou environ.

Pour vous préparer à cirer, mettez sur une table à gauche à côté de vous, un réchaud ou fourneau allumé, sur lequel vous poserez la marmite, qui contient la matiere dont voici la recette.

Une livre de cire jaune, deux livres d'arcançon, qui est la résine du pin, & du noir de fumée à volonté.

Vous vous munirez aussi d'un *gipon*, c'est le nom d'un gros tapon, formé par un assemblage de chiffons de toile liée ensemble, & vous aurez à droite à côté de vous par terre, de la paille déliée; attachez entre la tige & le soulier de la botte, un morceau de cuir, que vous ferez tenir avec quelques pointes, de peur que la cire que vous allez mettre n'offense l'avant-pied qui ne doit point être ciré comme la tige; mais qu'on noircira ensuite par un autre procédé, qui sera expliqué ci-après; vous cacherez aussi avec un petit morceau de cuir le haut du porte-éperon, à l'endroit où il n'est point cousu à la tige.

Après toutes ces précautions, prenez la broche à cirer, qui est une broche de fer, de trois pouces de long, à manche rond de bois; vous la passerez d'abord dans un anneau rond qui termine la chaîne; puis dans le trou du talon de la botte, jusqu'à ce qu'elle y tienne fermement; puis vous asseyant à l'autre bout, vous prendrez l'embouchoir à deux mains, & vous le tiendrez horisontalement.

Commencez votre opération par allumer un peu de paille, que vous porterez sous la tige pour la flamber, c'est-à-dire, pour bruler le reste du héru du cuir que la rape n'a pû ci-devant enlever; trempez ensuite le gipon dans le cirage bouillant, dont vous enduirez toute la tige; puis tournant & retournant perpétuellement l'embouchoir dans vos mains sur le feu de paille continuel, afin que cette chaleur fasse pénétrer le cirage, vous en mettrez successivement six couches pendant une heure entiere, prenant bien garde que faute d'arroser à temps, la tige ne se brûle; ainsi il faut employer deux heures de temps pour cirer une paire de bottes. La tige cirée, on la laisse refroidir.

Le Contre-fort.

On nomme *contre-fort*, une seconde tige qu'on ajoute par-dessus la premiere qu'elle doit entourer, depuis le haut de l'avant-pied jusqu'à environ deux pouces près du haut de la premiere; on ne met gueres ce contre-fort qu'aux bottes de courriers ou de postillons, à cause des dangers qu'ils courent, montant le plus souvent des chevaux fatigués, ou avec de mauvaises jambes.

La tige étant encore en blanc, l'embouchoir dedans & prêt à cirer, elle ſert de patron pour prendre l'étendue du contre-fort, dont vous aurez précédemment mouillé le cuir juſqu'à ce qu'il ſoit bien humecté & maniable ; le contre-fort ne s'ajoute qu'après que la botte, pour laquelle il eſt fait, a eu un demi-cirage; quand elle ſera refroidie vous poſerez votre contre-fort, *I*, *fig.* 3, que vous attacherez à la tige par quatre coutures traverſantes, une devant, une derriere & une de chaque côté; remettez au cirage, qui pénétrant le contre-fort, acheve de cirer le tout, & forme un corps contigu & très-ſolide.

LA GENOUILLERE : LE BONNET.

ON attache au haut de la tige de toute botte forte, une genouillere *f*, *fig. i*, ou un bonnet *H*, *fig.* 3 ; la différence de la genouillere au bonnet eſt, que la genouillere cache le jarret, & que le bonnet le laiſſe à découvert, s'abaiſſant par les côtés & coulant le long du haut de la tige par-derriere.

Les genouilleres des bottes de chaſſe ſont les plus amples & celles qui exigent le plus de façon ; elles ſe font de bœuf, noirci par le Tanneur, ſe cirent légérement à chaud, & ſe poſent le noir en-dehors; le cirage de ces genouilleres eſt de la cire blanche ou jaune, mêlée avec du noir de fumée. Cette genouillere ſe taille en deux pieces ſur des patrons ; le morceau *y* eſt le plus étroit ; le morceau *x*, qui doit en faire le dehors eſt large & ample ; on entaille le bas de celui-ci de quatre échancrures *a*, en pointe & près l'une de l'autre, on n'en fait qu'une *b* à l'autre morceau.

Percez avec une forte alêne un rang de trous tout autour de la tige, à un demi-pouce près du haut ; le reſte peut s'exécuter de deux manieres : la premiere eſt de commencer par fermer entiérement la genouillere, en aſſemblant par des coutures les deux pieces ; elle reſſemble alors au haut d'un entonnoir ; vous en humecterez enſuite le bas, afin de faire prêter le cuir & toutes les entailles, pour pouvoir les rapprocher & les prendre dans la couture de jonction que vous ferez, paſſant par les trous que vous avez précédemment faits à la tige, comme il vient d'être dit ; on coud les deux tirants chemin faiſant ; après quoi vous pouſſerez toute la genouillere en bas afin de lui faire déborder la tige tout autour en-dehors ; puis preſſant fort avec le point fermé dans ce repli, à l'endroit des entailles qui doivent ſe trouver en-dehors du jarret, vous l'évaſerez davantage que partout ailleurs ; enſuite reſſerrant tout autour par dehors avec les tenailles, vous applatirez le tout comme il convient, lui donnant la forme qu'on voit en *F*, *fig. i.* L'autre maniere qui ſe nomme *à la miché*, eſt de faire une des deux coutures qui joignent les deux pieces de la genouillere, de la coudre à l'envers à la tige ; de la retourner enſuite & de la fermer par la ſeconde couture.

Les bottes qu'on nomme *demi-chasse*, ressemblent aux précédentes, excepté que le côté de la genouillere en-dedans de la cuisse est échancré, & par conséquent plus bas que le côté extérieur.

Le bonnet *H*, *fig.* 3, se taille tout d'une piece, suivant son patron; on n'y fait point d'entailles; ainsi le redoublement tourne également par-tout autour de la tige.

La Garniture.

La garniture de toute botte forte est un morceau de cuir de bœuf, pris dans le mince du cuir; on le coupe ou quarrément *P*, ou en lui donnant quelques contours *Q* pour la rendre plus agréable à la vûe; sa place est sur le cou-de-pied, elle doit y poser en partie sur la tige & en partie sur l'avant-pied; elle soutient de chaque côté les branches de l'éperon qui va s'appuyer sur le porte-éperon; on orne toute garniture de coutures en effleurant le cuir, les unes qui suivent ses contours, d'autres traversantes en ondes, en festons, ou autres desseins; pour cet effet, on se sert de la *buisse* *O*, qui est un morceau de bois arrondi par-dessus, plat en-dessous; on met le plat le long de la cuisse jusqu'au genou; on l'y tient par le moyen du tire-pied, qu'on passe par-dessus: le bombement que fait le cuir de la garniture, posé sur cette buisse, donne de l'aisance pour lacer les coutures.

Quand la tige de la botte a été cirée & est bien refroidie, elle est pleine d'élévations, causées par la cire bouillante, dont elle a été enduite & pénétrée; pour les ôter, vous prendrez un vieux tranchet, & avec sa lame qui vous servira de grattoir, vous effacerez toutes ces hauteurs, ensuite vous la frotterez avec un morceau de cire à froid, que vous étendrez bien égale avec une brosse rude, une bisaigue, &c. & vous achéverez de polir & de lustrer avec le creux de la main.

Jusqu'à présent l'avant-pied est encore de sa couleur primitive, c'est-à-dire, roussâtre; il doit être noir & poli comme la tige; pour cet effet, commencez par étendre dessus du suif, que vous flamberez tout de suite avec un peu de paille allumée, ce qui fera sur le champ pénétrer le suif, & tout chaudement vous le frotterez de votre encre & il sera noirci.

Quant à la genouillere, on la cire légérement au feu; puis on la polit comme la tige avec cire & noir de fumée, qu'on étend d'abord avec une bisaigue, &c.

Coussinet : Forme brisée : Etoile & Bâton.

On ajoute après coup, communément aux bottes fortes en-dedans de la genouillere, un coussin *g*, de peau de mouton blanc, rembourré de crin à l'épaiſſeur d'un pouce ; on l'arrête en effleurant le cuir de quelques points en haut ſeulement, & on le place vis-à-vis du côté intérieur du genou, pour le tenir plus mollement.

Quand le ſoulier de la botte n'eſt pas aſſez large, ou qu'il s'eſt rétréci faute d'avoir eu ſoin de le remplir de foin, ou d'autre choſe qui l'empêche de ſe rétrécir en ſéchant après avoir été mouillé ; quand, dis-je, ces inconvénients arrivent, on ſe ſert d'une forme briſée faite exprès ; on commence par placer avec la main, les deux côtés de la forme dans le ſoulier ; ſa clef *m*, eſt taillée au bout d'une eſpece de bâton courbé naturellement, comme la clef d'une forme briſée ordinaire l'eſt du côté deſtiné à élargir les côtés de l'empeigne ; on fait entrer cette clef, & quand on ſent qu'elle eſt à ſa place, on frappe à coups de maillet, ſur ſa queue qui dépaſſe la botte, tant qu'on juge que c'eſt aſſez.

La grace d'une genouillere de bottes de chaſſe, eſt d'être bien arrondie & renflée par le côté extérieur ; c'eſt pourquoi, & de peur qu'elle ne s'applatiſſe, les perſonnes curieuſes de leurs bottes, ont ce qui s'appelle une *étoile* ; ce ſont deux tringles de bois en croix, attachées au centre par un clou, qui les traverſe ; chaque extrémité de cette étoile eſt armée d'une petite pointe de fer, on la porte horiſontalement vers le milieu de la genouillere, les pointes la maintiennent en place, & on ne l'ôte que lorſqu'on veut mettre ſes bottes.

On maintient encore le ſoulier de la botte de crainte que l'empeigne ne s'affaiſſe, par un bout de bâton rond, qui, portant en-dedans au bout du ſoulier, s'appuye à l'autre bout ſur le derriere de la tige.

N^a. Il s'eſt fait une eſpece de bottes, nommées *demi-fortes*, *légeres*, *à baleine* ; mais il y a du temps qu'on ne s'en ſert plus : cette botte avoit l'air d'être forte, & cependant elle étoit molle, & deux baleines ou même deux tringles de bois, placées l'une à droite l'autre à gauche, le long de la tige dans deux fourreaux de cuir, qu'on y couſoit, empêchoient le cuir de ſe pliſſer : cette tige étoit de vache noire : les Brigadiers des Gardes du Corps s'en ſervoient, parce qu'elle étoit bien plus légere que la vraie botte forte, & en ſauvoit l'apparence. M. SOUDE' Maître Bottier-Privilégié, rue de la Barillerie, vis-à-vis du Palais, qui m'a beaucoup aidé dans ſon Art, m'en a montré une paire, qu'il a dans ſa boutique depuis trente ans.

La Bottine forte à tringle ou à boucles.

TOUTE bottine eſt une tige de cuir, ſans ſoulier, qui enveloppe la jambe ; il s'en conſtruit de fortes & de molles : on place celle-ci à la ſuite de la botte forte, attendu que la tige en eſt dure & ſolide ; qu'on y ajoute une genouillere ;

genouillere, qu'elle a son embouchoir particulier, & qu'on la cire au feu; elle se fait de cuir de bœuf, pris dans le foible de la peau.

On la taille d'un seul morceau sur un patron échancré, comme à la botte forte, pour recevoir un avant-pied, qui n'est ici autre chose qu'un morceau de cuir qui ne fait que remplir le vuide de cette échancrure, & ne va pas au-delà.

On mouille fort cette tige, afin de la rendre molle & obéissante, & c'est alors qu'on y coud l'avant-pied *III*, *fig*. 4.

La tige ainsi préparée, accollez le derriere & le devant de l'embouchoir *IV*, *IV*, sans y mettre la clef 5; les différences de cet embouchoir avec celui de la botte forte sont, que celui-ci n'est ni si gros ni si long; qu'à la piéce de derriere, le molet, le rétrecissement du bas de la jambe, & le talon sont marqués, & qu'il dépasse le devant de cinq à six pouces.

Emmaillottez, pour ainsi dire, cet embouchoir avec la tige *V*, *fig*. 4, la chair en-dehors, vous en redoublerez un bord sur l'autre; bâtissez ce redoublement du haut en bas, avec quatre ou cinq points simples, d'une grosse & forte aiguillée; serrez fort les points avec la pince, après quoi vous ferez entrer la clef à force, le tout pour que le cuir mouillé prenne bien le moule de l'embouchoir; clouez ensuite le redoublement à l'embouchoir avec des pointes de trois en trois pouces; arrachez le bâtis, & la tige est prête à être cirée au feu, quand elle sera seche comme celle d'une botte forte, mais moins à proportion de son épaisseur.

Cette tige n'a de couture, que celle de son avant-pied, & celle qui la joint à sa genouillere; le redoublement de la piece de devant qui doit se trouver toujours le long du côté extérieur de la jambe, s'entoure du haut en bas d'une bande de cuir de veau noir *VIII*, qu'on arrête dehors & dedans, par une couture traversante; on fait entrer dans cette espece de coulisse une petite tringle de fer platte terminée en pointe émoussée; cette pointe doit dépasser & sortir au bas de sa coulisse d'un pouce; pour recevoir cette pointe, on fait entrer au bas de la piece de derriere une petite plaque de fer percée de deux trous, que les Bottiers nomment un *piton VI*; cette petite plaque reste en-dehors, où elle est saillante & d'équerre avec la bottine; elle a une queue terminée par un rond de fer plat, placé comme une tête de clou; on fait entrer la queue par une fente qu'on fait exprès, & on recouvre en-dedans le rond de fer par une petite paillette de cuir, sous laquelle on l'enferme, on cache la couture de l'avant-pied par une petite garniture que l'on y coud; on met un éperon au talon & une boucle au haut de la tige: la genouillere se taille comme la tige, c'est-à-dire, d'une seule piece; on fait, avant de la coudre à la tige, la même manœuvre qu'à la botte de chasse, c'est-à-dire, qu'on perce des trous avec l'alêne tout autour du haut, pour recevoir la couture; on la coud à l'envers, le côté de la genouillere qu'on laisse ouvert vis-à-vis de celui de la tige, puis on la retourne, on y fait trois boutonnieres ou fentes; on y coud trois tirants *IX*, qui passent l'un dans l'autre, & au-dessus un bouton de cuir roulé.

N^a. On fait aussi, mais très-rarement, de ces bottines sans tringle, au lieu de laquelle on coud cinq boucles qui ferment la tige du haut en bas.

On polit le tout comme la botte forte. *Voyez ci-devant.*

Pour mettre cette bottine on l'ouvre en deux du haut en bas; pour la placer sur la jambe, on fait entrer la pointe de la petite tringle dans son piton à l'un ou à l'autre des deux trous, suivant qu'on la veut plus ou moins serrée d'en-bas; on boucle le haut de la tige, & on ferme la genouillere en passant les tirants, dont le plus haut se boutonne au bouton de cuir.

La Botte molle.

Il s'en faut bien que la botte molle soit aussi sûre pour la conservation de la jambe que la botte forte; cependant elle est d'un usage bien plus commun, parce qu'elle est beaucoup plus légere & moins gênante; c'est pourquoi elle convient au voyageur, à ses journées; au tireur, aux troupes légeres qui combattent à pied & à cheval, comme Mousquetaires, Dragons, Hussards; aux Voituriers, aux Pêcheurs, aux Académistes, &c. par la facilité qu'elle donne de marcher sans se fatiguer.

La tige qui est de veau noir, se taille sur des patrons d'une seule piece; on la ferme par derriere d'un bout à l'autre, d'une couture lacée *fig.* 5 : on donne différents contours, pour la grace, à l'échancrure du devant, qui doit recevoir l'avant-pied, attendu que cet endroit reste à découvert; car on n'y met point de garniture : *Voyez q*, *fig.* 7 : on fortifie le talon de la tige par un petit contre-fort en dedans en effleurant le cuir; on coud l'avant-pied & on fabrique le soulier à l'ordinaire : (voyez *Botte forte.*) On met le porte-éperon *s*, *fig.* 5, qui n'est que d'un seul cuir; on attache à la tige en dehors, au-dessus du porte-éperon, un petit cuir taillé en losange, qu'on nomme la *doublure S*, *fig.* 6, afin que le frottement du fer de l'éperon ne l'endommage pas.

On ôte la forme aisément avec la main, attendu que la tige est ployante; la genouillere se marque quand on veut; car elle n'est autre chose que le haut de la tige, à laquelle en la descendant par dehors au-dessous du bas des tirants, on fait faire le bourrelet ou rendoublement; quand on la laisse toute étendue, *fig.* 5, elle embrasse le bas de la cuisse.

On coud en dedans, en effleurant le cuir, deux tirants de ruban de fil ou de cuir, un de chaque côté à la hauteur du dessous de la jarretiere : ils servent à amener la botte sur la jambe, & si on veut mettre une jarretiere sur le genou pour que la botte reste tendue, on ajoute un troisieme tirant devant ou derriere, & on la passe dans les trois tirants; on ne met, à toutes ces bottes molles, qu'une simple courroye *r*, *fig.* 5, au lieu de garniture pour tenir l'éperon en sa place.

Il se fait de deux sortes de bottes molles, dont la différence ne consiste que dans la position du cuir; on les distingue en bottes molles à la Françoise & bottes molles à l'Angloise, aux premieres qui sont les ordinaires, le cuir se travaille la fleur en-dehors; aux secondes ou à l'Angloise la fleur est en-dedans, & la chair en-dehors; mais la fleur est en blanc, c'est-à-dire, sans être noircie, & le Bottier cire & noircit le dehors: on commence pour cet effet par suiffer à chaud le côté de la chair, on le flambe tout de suite à petit feu puis on l'encre & on finit par le cirer avec suif & noir de fumée, qu'on polit & lustre à l'ordinaire.

Les bottes à la Hussarde *fig.* 7, n'ont point de genouillere, c'est-à-dire, qu'elles ne couvrent que le devant du genou, d'où elles sont échancrées de divers desseins & contours en descendant au mollet & rebordées de cuir.

Quelques personnes curieuses de maintenir leurs bottes molles bien tendues dans le temps qu'ils ne s'en servent pas, leur font faire un embouchoir à charniere: *voyez la fig.* 8; le devant a un pied de bois *a*, à charniere lâche *b*; quand on place l'embouchoir & que ce pied rencontre le dedans du soulier il se redresse, coule jusqu'au bout, & lui sert de forme.

La Bottine molle, ou Guêtre de cuir.

La Bottine molle, qu'on nomme aussi *Guêtre de cuir*, à cause de sa ressemblance avec la guêtre ordinaire de toile, est la plus légere de toutes les chaussures de cuir qui entourent la jambe; le mérite de celle-ci est d'en suivre la forme, comme feroit un bas de soie.

Elle se fait de veau noir, la fleur ou grain en-dehors; on pourroit la construire de deux pieces; mais il est plus ordinaire de la composer de trois: on la taille sur des patrons, le côté de dedans *a a*, *fig.* 9, fait une piece, le retour du-mollet en dehors *b b* la seconde, & le devant *c c* la troisieme: c'est au morceau *b* qui fait le retour du mollet que l'on coud le long de son bord antérieur, neuf ou dix tirants, l'un au-dessus de l'autre; on couvre les coutures de ces tirants par dedans d'un ruban de fil du haut en bas: on fait au bord du morceau de devant *c*, autant de fentes *f f*, qu'il y a de tirants à l'autre piece, & on coud au haut un bouton *d*; ce morceau ou piece de devant s'échancre en bas pour recevoir un avant-pied de bottine: le reste n'est plus que deux coutures pour assembler les trois pieces; on ajoute l'étrier *g* qui passe sous la cambrure du soulier.

EXPLICATION

DES PLANCHES ET VIGNETTES.

PLANCHE PREMIERE.

La Vignette repréſente l'eſpece de jonc nommé *ſpart A*, avec lequel on fait en Eſpagne les ſouliers de corde, que nous nommons *ſpardilles*; on voit les Pirenées & les Miquelets ou Montagnards, qui grimpent & deſcendent le long des rochers ſans gliſſer à cauſe de leurs ſpardilles.

1, Chauſſure des anciens Indiens, d'écorce d'arbre.

2 2 2 2, Chauſſure des Anciens, nommée *Solea.*

3, Anciennes chauſſures des pays du nord, que nous nommons *Patins*, *Calopodia.*

4, Chauſſure de théâtre, nommée *Cothurni.*

5, Ancienne chauſſure des Egyptiens, Grecs, &c. *Pero.*

6, Brodequins des anciens Farceurs, *Soccus.*

7, Anciennes chauſſures, *Sandalum.*

8, Anciennes chauſſures des ſoldats Romains, *Caliga.*

9, Anciennes chauſſures des Rois & Empereurs, *Compaga.*

10, Anciennes chauſſures des Eſpagnols, *Calceus Sparteus.*

PLANCHE II.

a, Grand tranchet à bucher pour homme, vû ſur ſon plat, & vû de profil, pour en mieux diſtinguer la courbure.

b, Tranchet à bucher pour femmes, même courbure.

c, Tranchet à redreſſer, même courbure.

d, Gouge à creuſer les talons de bois, vûe ſur ſon plat & vûe de profil.

e, Fuſil de fer pour ôter le morfil aux outils.

f, Broche à cheviller les talons de bois.

g, Broche à cheviller les talons de cuir.

m, Releve-gravure.

n, Lame à décraſſer *les coutures blanches.*

10, Marteau de Cordonnier.

h, Hauſſe de fer qu'on met ſous la tête du clou à talon.

i, Clou à talon.

k, Clou à brocher.

l, Clou à monter.

13, Tenailles.

12

12, Pinces.

18, Alêne à talons.

16, Alêne à joindre.

17, Alêne à ſemelle.

15, Carrelet de Cordonnier, vû de deux côtés.

ll, Tire-pied.

5, Manicle.

9, Cizeaux.

o, L'Aſtic, *d'os de Mulet*, vû de deux côtés.

ſ, Biſaigue à côtés.

t, Biſaigue à bouts, vûe de deux côtés.

r, Biſaigue à eſcarpins, vûe de deux côtés.

z, Dent de loup.

u, Guinche vûe de deux côtés.

y, Coin.

q, Pouſſe-cambrure, vû de deux côtés.

p, Machinoir.

x, Planche à redreſſer, vûe de deux côtés.

2, Ecoffret.

4, Buiſſe creuſe.

6, Caillebotin.

29, Forme vûe de face, garnie de ſes hauſſes & de ſon coin.

27, Forme d'hommes; 31, le petit Clou.

28, Forme de femmes.

24, 24, Formes briſées, vûes de différentes façons. 25, 25, leurs clefs *idem*.

22, Chauſſe-pied.

30, Forme en cabriolet.

PLANCHE TROISIEME.

La Vignette repréſente les trois branches des Cordonniers.

A, eſt un Cordonnier pour homme, faiſant une couture lacée; *a*, eſt la figure d'un couteau à main.

B, repréſente un Cordonnier pour femme; il regarde un talon qu'il vient de liſſer avec la guinche qu'il tient à la main.

C, eſt un Cordonnier-Bottier, qui cire au feu, une tige de botte forte.

19 & 20, Le Compas de Cordonnier; 19, vû par le côté & fermé; 20, vû par-deſſus & ouvert.

a a a a, Les différents temps pour joindre l'aiguillée de fil gros à la ſoie de ſanglier.

a, Un paquet de ſoie de ſanglier.

Une main, ſur le pouce de laquelle eſt une aiguillée pour la retordre.

Fig. B, les différents points des coutures lacées.

Fig. A, Le point à l'Angloiſe pour le talon du ſoulier de femmes.

A A, Empeigne.

B B, Oreilles.

C C, Quartiers.

D D, Paillettes.

F F, Aîlettes.

E E, Trépointe.

G, Piece.

H, Talon d'homme brut, vû par-deſſus; *H* 2, vû par le côté.

I, Talon buché, vû par-deſſus; *I* 2, vû par le côté.

Fig. 4, Le cuir de l'Empeigne & des Quartiers aſſemblés.

Fig. 2, Le ſoulier mis ſur ſa forme.

Fig. 3, Le ſoulier avec le talon de bois.

Fig. 1, La premiere ſemelle affichée au ſoulier.

N n, le Cambrillon.

PLANCHE QUATRIEME.

Fig. 1, Soulier à talon de cuir.

f, Cheville de bois pour les talons de cuir.

I I, repréſentent les pieces du talon de cuir, ſçavoir *a*, *a* 2, la trépointe de derriere; *b*, *b* 2, le couche-point; *c c*, les allonges de la ſeconde ſemelle; *e*, le chiquet.

Fig. A A; *A*, la tirette de l'eſcarpin retourné.

B, Le releve-quartier de l'eſcarpin retourné.

Fig. B B, *I*, *II*, *III*, le point caché de l'eſcarpin non retourné.

C, Talon de bois de femme brut.

D, Talon de femme buché; *E*, le même vû de profil.

F, Empeigne de femme.

G, Quartier de femme.

L, Empeigne & quartier de femme ſur la forme.

M, Paſſe-talon de femme ébauché.

N, Bride de cuir du talon de femme.

O, Soulier de femme achevé.

P, Claque de femme.

Q, Pied de femme chauſſé.

R, Pied d'homme chauſſé.

Fig. 4, Claque d'homme.

Fig. 3, Sabot d'homme.

Fig. 2, Pantouffle d'homme.

Fig. 6, Figure de la femelle du foulier dont il eft parlé dans la remarque, page 25.

Fig. 5, Plante du pied, même remarque.

PLANCHE CINQUIEME.

Fig. 2, *A A*, Embouchoir de botte forte; *B* fa clef.

W, *W*, Embouchoir de bottine à tringle ou à cinq boucles; 5. fa clef.

m, Clef de forme brifée de botte forte.

Fig. 8, Embouchoir brifé de bottes molles.

Q, Garniture de botte forte.

P, Autre façon de garniture de bottes fortes.

O, Buiffe fur laquelle fe travaillent les coutures des garnitures.

Fig. 1, Botte forte de chaffe à genouillere.

Fig. 3, Botte forte à contrefort & à bonnet.

* Boulon pour caffer les pointes des chevilles du talon dans la botte.

g, Couffin de genouillere.

x y, Les deux pieces de la genouillere de chaffe.

Fig. 4, La bottine forte fur fon embouchoir, & la même achevée

Fig. 5, Botte molle.

Fig. 6, La même abaiffée formant une genouillere.

Fig. 7, Botte molle à la huffarde.

Fig. 9, Bottine molle, autrement guêtre de cuir.

FIN de l'Explication des Planches et Vignettes.

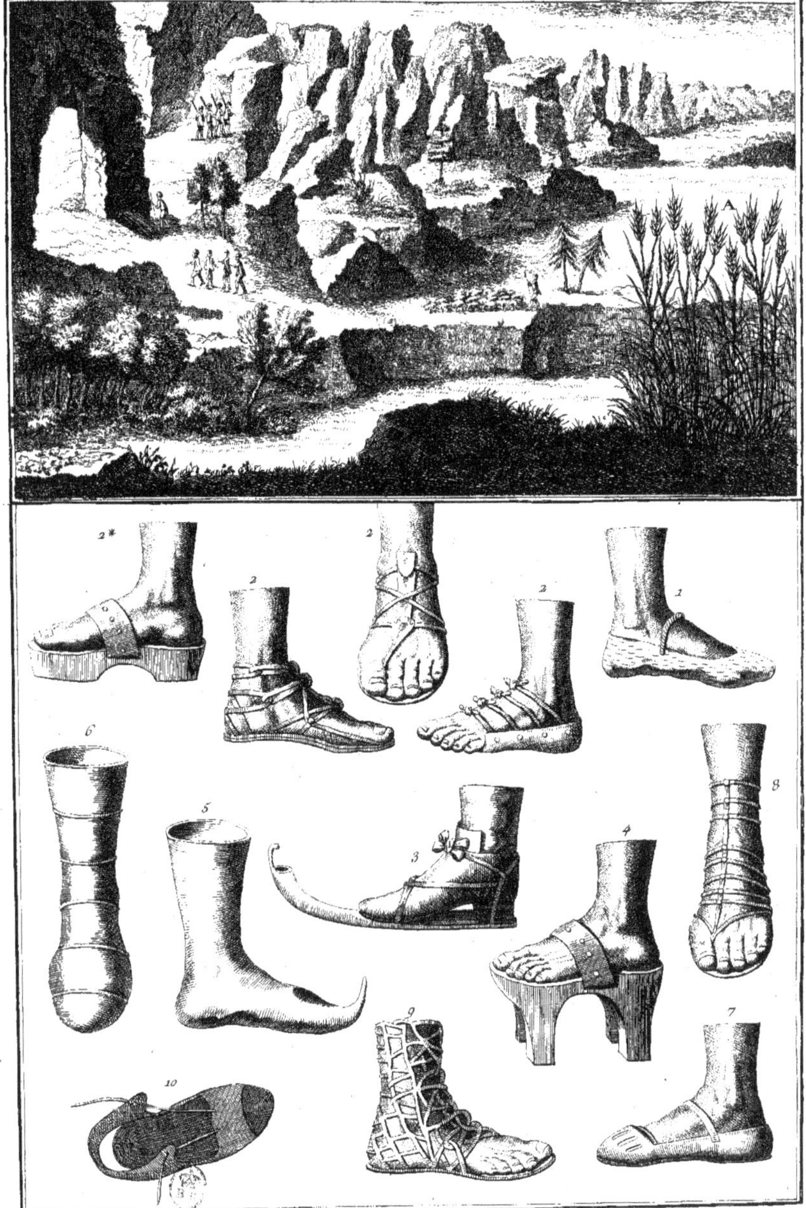
A
2*
2
2
2
1
6
5
3
4
8
9
10
7

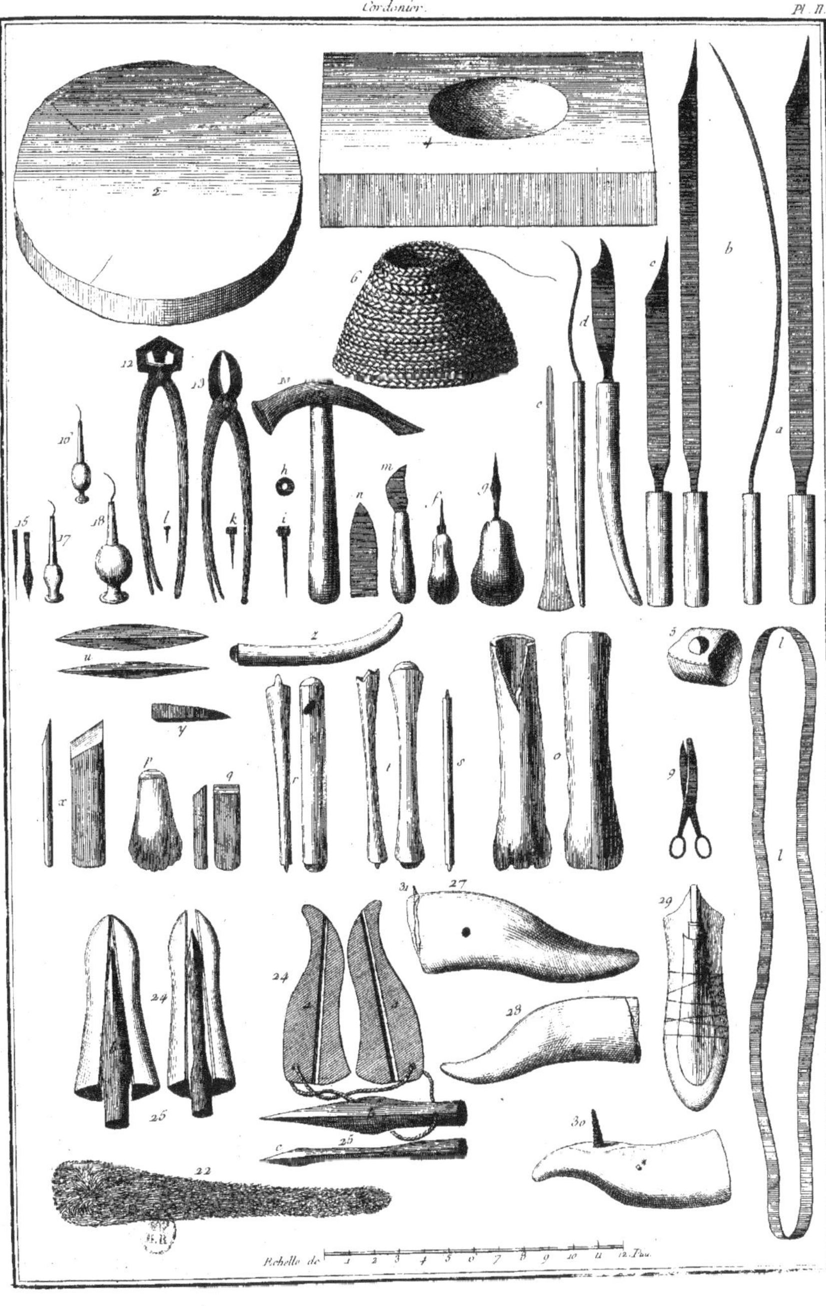
Echelle de 1 2 3 4 5 6 7 8 9 10 11 12 Pou.

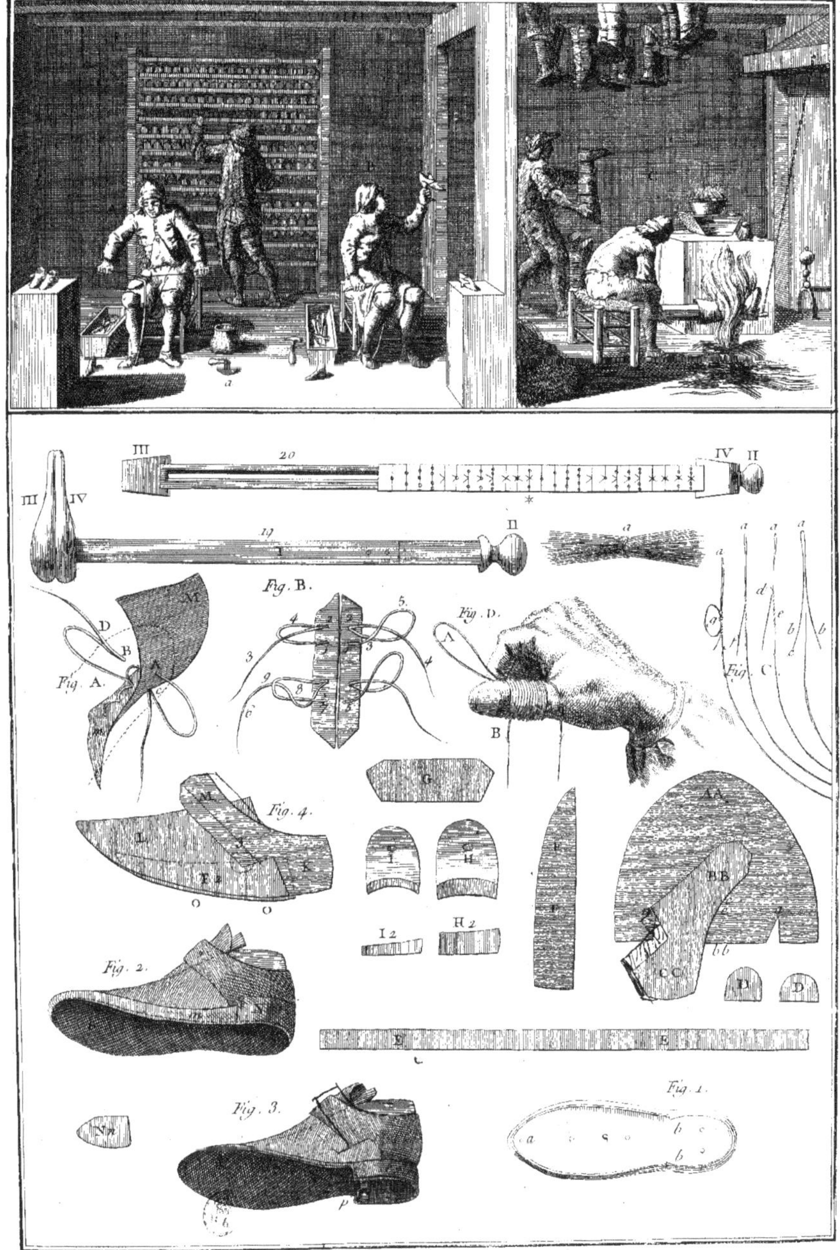
Fig. A.
Fig. B.
Fig. C.
Fig. D.
Fig. 1.
Fig. 2.
Fig. 3.
Fig. 4.

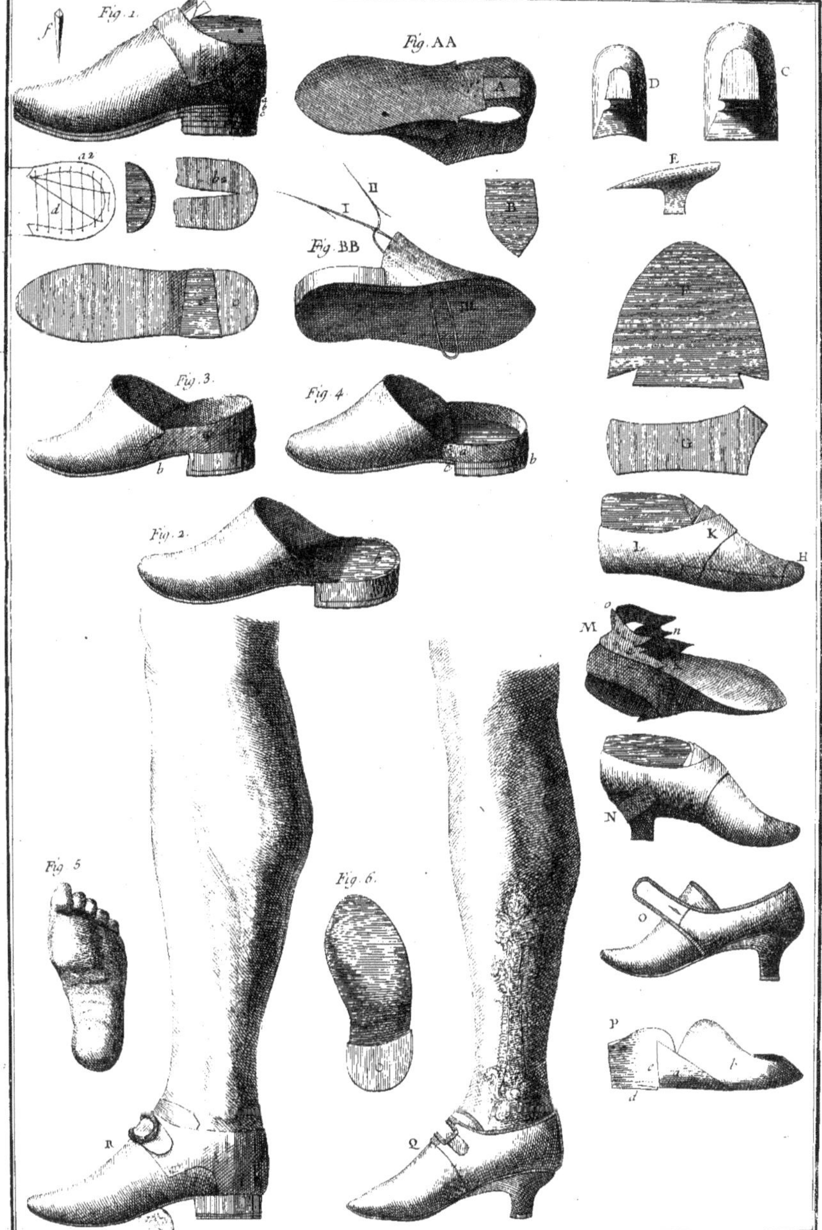
Fig. 1.
Fig. AA
Fig. BB
Fig. 3.
Fig. 4.
Fig. 2.
Fig. 5
Fig. 6.

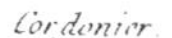

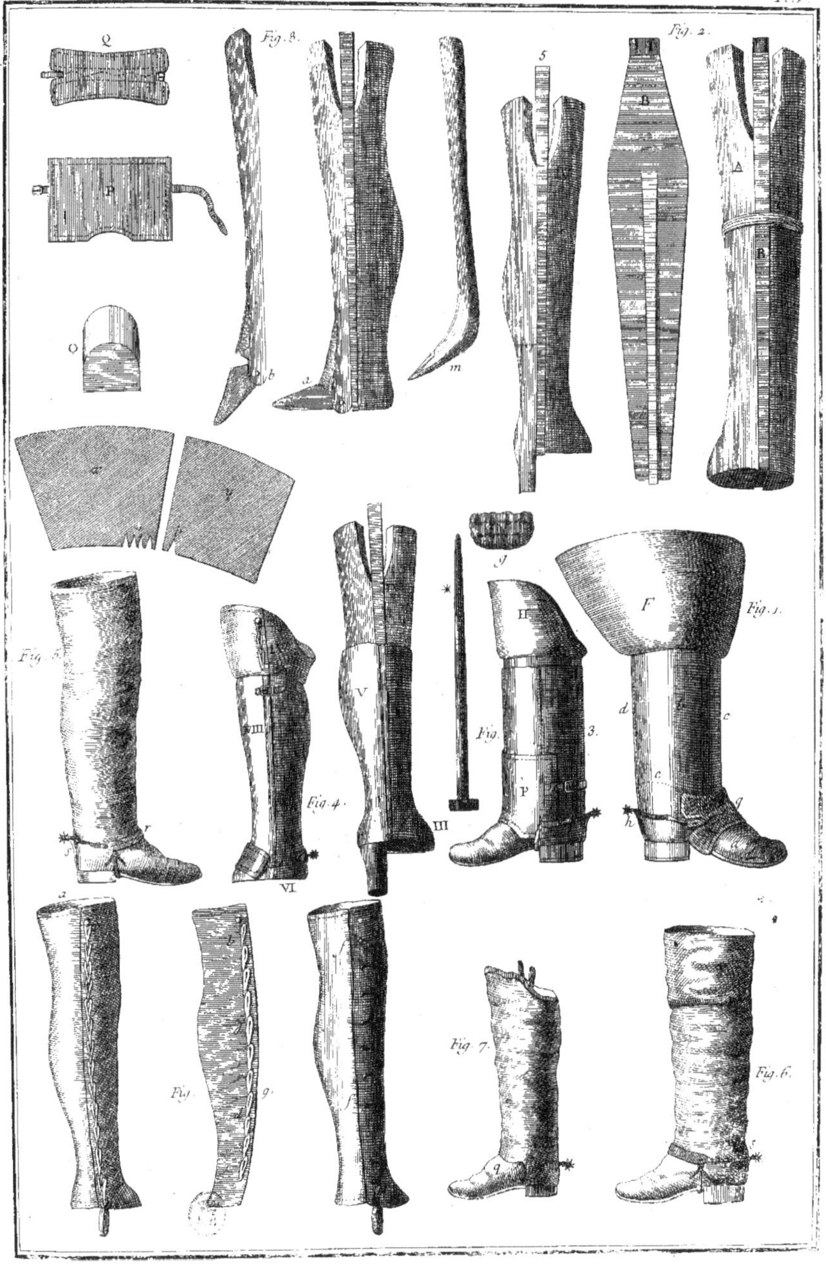
Q
P
O
Fig. 8.
a
b
m
5
Fig. 2.
B
A
a
b
g
Fig. 5.
Fig. 4.
V
III
VI
H
Fig. 3.
P
F
Fig. 1.
d
c
h
g
Fig. 9.
Fig. 7.
q
Fig. 6.

www.ingramcontent.com/pod-product-compliance
Ingram Content Group UK Ltd.
Pitfield, Milton Keynes, MK11 3LW, UK
UKHW020357180726
13839UKWH00003B/1160